成交
赢在思维

—— 有一些事，只讲给做销售的你听

宋 野◎著

Enter

中国铁道出版社有限公司
CHINA RAILWAY PUBLISHING HOUSE CO., LTD.

图书在版编目（CIP）数据

成交赢在思维：有一些事，只讲给做销售的你听/宋野
著.—北京：中国铁道出版社有限公司，2023.3
ISBN 978-7-113-29651-3

Ⅰ.①成… Ⅱ.①宋… Ⅲ.①销售学 Ⅳ.①F713.3

中国版本图书馆CIP数据核字（2022）第168608号

书　　名：成交赢在思维——有一些事，只讲给做销售的你听
　　　　　CHENGJIAO YING ZAI SIWEI: YOU YIXIE SHI, ZHI JIANG GEI ZUO
　　　　　XIAOSHOU DE NI TING

作　　者：宋　野

策　　划：巨　凤　　　　　　　编辑部电话：（010）51873697
责任编辑：陈晓钟
封面设计：仙　境
责任校对：焦桂荣
责任印制：赵星辰

出版发行：中国铁道出版社有限公司（100054，北京市西城区右安门西街8号）
印　　刷：三河市兴达印务有限公司
版　　次：2023年3月第1版　2023年3月第1次印刷
开　　本：880 mm×1 230 mm 1/32　印张：6.125　字数：150千
书　　号：ISBN 978-7-113-29651-3
定　　价：69.00元

前　言

　　很多人问我："怎样才能做好销售？"

　　做好销售，当然是有方法的，不仅如此，我相信世间做任何事情都需要方法。遗憾的是，多数时候我们只是表面上学到了解决问题的方法，却未曾洞悉这些方法背后的底层思维逻辑，而这些才恰恰是方法真正的灵魂。

　　多年来，我看到不少销售人员不懂消费者心理、不懂底层逻辑，只是盲目将一些速成技巧拿来即用，最后导致工作效果大打折扣；也看到一些销售人员因为不懂规划而盲目努力，他们无法科学地进行自我赋能，拼尽全力最终却还是业绩平平。基于此，我想到了写一本书，通过这本书，将隐秘在方法背后的思维逻辑呈现给大家。正如前面所说，方法固然重要，但比方法更重要的是思维，有了思维，你完全可以自己去创造方法。

　　对于那些只希望收获销售方法和技巧的人来说，这本书应该会超越你的期望；假使你并不满足于做一名业绩还不错的销售，而是希望能够洞察消费者心理，掌握销售的底层逻辑，甚至能够在所学所悟的逻辑中，创造出一套属于自己的销售方法或行事法则，那么本书对你而言更为适合。

这本书将毫无保留地呈现我在十余年间跨领域的实践经验所得。本书囊括了一名销售人员从认知、开场、探寻需求、处理异议、跟进逼单、转介绍、自我总结与赋能七个阶段的误区、技巧与心得，通过浅显易懂的沟通之道、举一反三的案例回放，让你学会四两拨千斤地去思考，可能辞藻并不优美，篇幅也很有限，但只要你认真去看、去理解，相信它能让你的销售工作更加游刃有余。

全书从职业的基本层面，到自我思维的升维，与其说是在分享销售技巧，不如说我想借此书与大家共勉——了解本质才能将事情看清并做好，不依附方法，而是去驾驭、去创造方法。如果你能从本书的分享中得到些许启发和力量，甚至在经济收益和职业规划上有所收获，那将是我莫大的荣幸。

作　者

2022 年 10 月

目　录

目录

第1章
销售三认知

　　导语： 从本质上讲，销售技巧主要体现在对销售的认知上，具体来讲，就是你能不能比别人更快速、更准确、更深刻地认知自我，认知自己所处的岗位，认知你即将接触的客户。这个岗位可能门槛不高，但越优秀、越成功的销售，含金量一定越高。很多销售在这个行业摸爬滚打多年，至今无法悟出其中的真谛，并真正去享受这个职业，我想很大一部分原因在于认知模糊。所以，本章就来聊聊到底什么是销售，销售人员需要具备的素质和职责是什么。

🔖 1.1 认知自我 🔖

1.1.1 自知者无畏

怎样做好销售？有人说靠勤奋，有人说凭嘴皮子，甚至一些人曾经告诉你，快速签单只需要一套速成的方法与技巧。方法和技巧当然有，但我要告诉你，所谓的方法与技巧，它们只是销售系统的一部分，而不是销售的核心。那么什么才是销售的核心？

一颗强大的内心以及一套自己独有的思维逻辑才是核心。

从现在开始，请将一切速成方法抛之脑后，认清自己、夯实基础，先稳固思维，再去谈论技巧。之所以这样做是因为只有当你认清销售的基础后，才会懂得销售的本质；同样当你的销售基础更牢固、更扎实的时候，你的销售认知才会比别人更高，销售业绩也才会更好。

而销售基础的关键三要素就是心态、专业、勇气。

1. 心态是第一块敲门砖

不断在自我相信与自我怀疑间徘徊，是销售新人普遍存在的状态，盆满钵满易膨胀，手中无粮又会慌，这两种极端心态都需要调整。

某位销售新人，明明自身能力不错，平时也很乐于帮助同事，却屡屡在冲刺大单时打退堂鼓。问及原因，说是不敢轻易去尝试，害怕客户拒绝，害怕逼单过急造成谈单失败，甚至害怕单子没有拿下会再次被同事笑话。

那是他不知道：

做销售，要敢于和擅于去试错。永远不要让自己的能力淹没在胆怯的心态中。不迈出去，永远不知道自己是逆水而上还是奔腾入海。

某位销售新人，入职初期热情澎湃，虽然渐渐小有成绩，但还是觉得离目标很遥远，又见同时期入职的同事比自己成长更快，便认为自己处处不如别人，甚至因为偶尔的一次失误而陷入疯狂的自我否定与怀疑中。

那是他不知道：

做销售，不能在一遇到挫折或一时未达成目标就焦虑或消极。如果过分在意自己与完美状态之间的差距，却不去看看自己的进步，那么即便取得了不错的成绩，也无法最终肯定自我。

某位销售新人，能力很强，谈单也很有自己的方法，但从来没有回头客，因为对他而言，这份工作只是意味着赚钱，签单是工作的唯一目的，提成是前进的有效动力。只要能让客户买单，只要能将销售目标达成，就离销售冠军更近一步，至于在节日给客户发个问候信息这种事，基本没有可能。

那是他不知道：

做销售，乃是传递价值的差事。如果只将客户当作"赚钱的工具"，而从未想过与之共情，或者付出超过买卖之外的真心，那么你将永远没有回头客。

某位销售新人，千辛万苦得到这份工作，为了安全度过试用期，不惜在谈单过程中不断以揭短、贬低同行的方式，争取与意向客户合作的机会。客户也知道他说的是实话，却转身义无反顾地选择了与这位销售人员的竞争对手合作。

那是他不知道：

做销售，永远要让客户觉得你靠谱。如果为了自己的一点利益不择手段，甚至不惜诋毁同行，那么偶尔成单那是一时的运气，久而久之，你的运气终将会被这一次次的小动作消耗掉，最终你的销售行为只会让客户感到厌烦，或者很没有安全感。

要知道，做销售时刻都会面临许多困难、挫折和诱惑。如何应对这些挑战？这就需要具备正确的心态，即不管在顺境还是逆境中，你都要学会归零，随时调整好心态准备迎接新的挑战。正确的心态是你通向目的地的第一块敲门砖。

2. 最有效的待客之道是专业

有句话叫"打铁还需自身硬"。不论你是哪个行业的销售人员，不论你将售卖什么产品，都将以最专业的态度给客户带来需求价值，这便是最有效的待客之道。假如只是拥有销售技巧，但对产品及客户的需求都不够了解的话，将很难取得客户信任。

场景

某女士想办张美容护理卡，选择 A、B 两家店铺对比。

A 店美容顾问在热情接待该女士后拿出最近推出的爆款套餐供女士选择，并告知最近高、中、低各个档次的优惠力度都很大，此时办卡十分划算。女士拿了宣传册表示回去考虑下。

B 店美容顾问在该女士进店后便注意到女士两颊泛红，便问："您最近脸颊两侧是不是有些干痒刺痛？"

"是，你怎么知道？"客户诧异。

"这就是我的专业呀。"美容顾问笑道。接下来，顾问将女士带到护理部做专业测试，做过测试之后得出的结论是清洁过度导致肌肤屏障受损。在此基础上，顾问给出了两套解决方案：第一，停用一切护肤品，观察几天看看；第二，简单做个修复护理。

"我就在你们这里先做个护理吧！"女士说完办了护理卡。

A 店美容顾问在没有了解客户进店的真实需求下盲目推荐眼花缭乱的产品，导致客户不知如何选择；B 店美容顾问第一时间凭借专业知识找出了客户问题，并准确给出解决建议，所以赢得了顾客信任。求美者去美容院本就是为了解决皮肤问题，要是只想购买产品，很多地方都有，而且折扣诱人。消费者购买产品，一定各有原因和真实用处，作为销售，如果只是盲目推介，那么顾客大可不必来找你。

这便是销售基础的第二大关键要素——专业。别急着卖产品，在你正式推介产品前，不妨试着先用你的专业知识去了解一下客户的真实需求，在此基础上再给出解决方案。专业，是最高效的待客之道。

3. 不妨再勇敢一点

"勇敢减轻了命运的打击"，这是古希腊哲学家德莫克利特的名言，它应该作为销售人员的座右铭，这是因为从事销售活动，既需要勇敢面对也许会拒绝你的客户，又需要大胆去跟进重要客户，在时刻可能被拒绝、受打击的情况下，只有那些更勇敢的销售，才能在行业中成就辉煌。

=== **场景** ===

二手汽车市场的销售员 A 正接待某意向客户，A 细致讲解了性能、外观、技术参数方面的专业内容，并耐心回答了客户提出的所有问题……他能看出客户购买意向很强烈，但就是迟迟不肯下单。A 怕此时逼单会遭客户抵触，便支支吾吾。经理见状，上前协助。

"先生，我看得出您非常喜欢这辆车，如果没有其他问题，我们可以先去办个预定手续。"

"我担心女朋友会不喜欢这颜色。"

"建议您现在问问女友，因为这个颜色整个市场只剩下一辆了。"

客户又说："那我晚点再来看。"

"没问题。建议您多比较下，但还是要告诉您，这辆车早上也有一位先生看中，如果一会儿他先过来，我们就先卖给他了。"

客户迟疑片刻，说："那还是给我吧。"

在经理的"逼单"下，客户买下了这台车。

客户签单走后，A竖起大拇指："你怎么确定客户一定会买呀？"

"我不敢确定，但如果不勇敢去'逼'他一把，你永远不会知道他买不买。"

客户经过一上午的了解基本认同了这辆车，只是对于大件物品很难快速做出购买决定，所以会为自己找各种借口，以延长自己权衡商品的时间。在这个消费缓冲期，A不敢逼单，经理却大胆施加压力对其逼单，让客户最终选择成交。很多优秀销售员，有时功课做尽，却仅仅因为差了一点逼单的勇气，最后落得满盘皆输。

这便是销售基础的第三大关键要素——勇敢。大胆一点，勇敢向前一步，要知道你所有的客户中大部分客户总是处于不确定状态，此时销售员若没有大胆逼单的勇气，只会一次次失去成单的机会。

对于销售人员而言，学习方法和技巧的前提到底是什么？

保证在任何情况下都有着良好的心态，任何时候都能够向客户展现出过硬的专业知识，任何时候都敢于求证并有着不怕被拒绝的勇气。你必须深刻理解这三个要素，并努力做到最好，这样才不会辜负自己付出的所有汗水和努力。

1.1.2　利他品质你有吗

最好的商业模式是利他。学会换位思考，为客户着想，设身处地从客户角度去考虑问题，让客户时刻感受到了解与尊重，才能奠定自己长远的销售路线。

1. 做利他的事

作为一名销售人员，在为自己争取订单的同时，你是否兼具利他品质？你是否真正站在客户角度为其分析利弊？是否真正通过为客户传递价值来促成双赢合作？利他思维是销售体系中最高级的思维，这种高级思维并不是简单的话术或滥用套数就能实现，而需要真正将产品推销升级为价值共享。

═══ 场景 ═══

某人初涉理财，左右权衡后，将存在 A 银行的一笔钱取出，准备存到 B 银行购买理财产品。正要去 B 银行办理业务时，接到 A 银行专员的来电："先生，您目前的理财方案不是最好的选择，这样，您把邮箱地址给我，我给您制订一份详细的新方案作参考。"此人留过邮箱地址后，果然收到了该专员发来的全面理财资讯，每一套方案的利弊都写得很详细，对有可能为其带来较大风险的产品还做了特别标注。此人反复比较之后去电询问 A 专员："相比盈利部分，为什么你把所有产品的风险部分写得更详细？" A 专员回答："盈利部分您肯定已经了解过，但风险部分您可能还不太了解，我之所以列出来是希望能够帮您更好地选择，毕竟投资总想风险小点，多赚一点嘛。"

此人因为销售专员的这一举动，又将钱存回了 A 银行，并且选择了该专员建议的理财产品。客户心里从来都是有杆秤的，他什么时候会愿意让你挣他的钱？就是当你秉着利他思维为他评估风险、帮他挣钱省钱的时候。当一名销售人员时刻站在客户立场将客户的问题当成自己的问题，真正从客户的利益出发时，信任和成交便会水到渠成。因为没有任何一位消费者会忍心拒绝那个真心为他好的人。

2. 说贴心的话

大师案例或许离你尚远，但你我身边也不乏这种由利他思维延伸出的高情商案例。

场景

有位在美业做得十分出众的朋友，她的美甲连锁店口碑好，业绩也不错。某次带着学员参观学习，学习中发现她店里的普通员工个个都很会说话，情商都较高。

一般美容院店员在推荐客户办卡时，给的理由无非是"品牌响、口碑好、办卡之后有保障"之类，但她的店员从来不说店面品牌这些话，而是简单一句："您平常在这个城市生活，随时随地都能快速找到我们的店铺，不一定是要做美甲，平时逛街累了，也可以就近到我们店喝喝茶休息下。"但喝茶休息和办卡又有什么关系呢？殊不知，如果门店多，逛街累了会员可以随时进去任意门店充电休息或喝茶，那么就和客户有关系了，随着服务质量的提升以及客户数量的增加，办卡数量自然也会增多。同样的话语，换了一种表达方式，既凸显了品牌实力，又让客户觉得商家为自己考虑周到，心情愉悦自然觉得该卡办得有价值。

有句有意思的话："大家都是豆腐心，为什么偏偏你要刀子嘴。"乍一听有点恶作剧，但这句话用在销售上同样可行。同样的话换种方式说出来，结果大相径庭。

某位打扮精致的女士去商场买衣服，经过一番精挑细选，最后看中 A 店的一件套头衫。试穿之前，导购 A 提醒："您试衣服的时候小心点，别把口红蹭在衣服上。"

客户扭头便走："怕我蹭脏衣服，我不试就好了。"

女士走进 B 店，导购 B 轻声叮嘱："您试衣服的时候，注意别把口红蹭掉了啊，这么精致漂亮的妆容，补妆肯定得耽误不少时间。"

女士点头应允，小心翼翼试穿之后，开开心心地买下了那件套头衫。顾客其实心知肚明：导购担心口红会蹭到衣服上。同一件事，换个表达方式，效果将完全不一样，最后直接影响成交。

━━━━━━━━━━━━━━━━━━━━━━━━━━━━━

利己是人之常情，利他才是思维利器。在销售工作中，不妨试着以利他思维说一些贴心的话，这其实并不难，只要多为客户想想就可以。

1.1.3 成功道路无捷径

在销售中，有一个平均概率法则：拜访的客户越多，成交概率越大。假设你拜访 10 个客户签一单，那拜访 100 个客户签几单？也许签单数量远不止 10 单。

为什么？因为这是销售中的大数。

1. 读懂大数法则

为什么拜访 10 个客户签一单，拜访一百个客户不止签 10 单？这是因为在从 10 到 100 的过程中，你在不断积累经验，不断提升能力，不断自我成长，每被拒绝或被肯定一次，都是夯实基本功的过程。通俗来讲，大数法则的规律是，你拓展的客户越多，就越容易签单。但该法则还有一个反面规律，就是你拜访的客户越少，成交的概率也会越小。所以走入市场，不断去见客户，不断被拒绝或认可，才能提高签单率。

—— 场景 ——

曾有个特别急躁的徒弟，入职伊始一腔热情，基本功还没练扎实就开始申请出去跑业务、谈单子，但没过几天就开始感叹：推销产品难于登天。

"本月已经拜访了十几个客户，没有一个人给我预约的信号。"

"再谈，谈到70个客户再去看结果。"

在谈到20个客户后，他便因为过程太慢放弃了。

曾有个特别勤奋的徒弟，入职许久，天天攥着客户的手机号码画圈圈。问他："为什么不给客户拨电话？"

"已被两个客户拒绝并拉黑，不敢草率再打。"

"再打。多被拒绝几次就有经验了，针对每一次经验去改进。"

"好。"

在被拒绝21次后，他签下了职业生涯的第一笔订单。

人人都有向上之志，同时兼具畏难之心。才谈几个客户就急于检视结果，显然为时过早；怕遭到拒绝而畏缩不前，还需调整心态。你要明白大多数销售都是从被拒绝开始的，每一次"拒绝"背后都可能有一次"接受"等着你。去接受大数法则，一步一个脚印往前走，正确的事情重复做，剩下的就交给概率和时间吧！

2. 销冠之路无捷径

隔三岔五收到私信问："有没有从职场小白到销售冠军的速成课？"

"很抱歉，没有，因为这个职业除了积累，根本没捷径。"

以前有个员工，做销售之前在山区老家放羊。他到广州的第一份工作是在我们公司做地推。那时公司对新员工的要求是，每天拜访 10 家客户就算完成任务，这样按大数法则算下来一天也有 1 ~ 2 个有效客户。但是他偏不。别人玩手机，他在拜访客户；别人休息，他在拜访客户；别人谈恋爱，他在拜访客户。广州的酷暑，室外温度常常高达三十多度，他就骑着电动车穿梭在城市的各个角落。有一次，他一天竟然拜访了 52 家公司，这在当时整个行业也是破纪录的，这位员工也因此被同事调侃为"电动车王子"。

在三个月的疯狂拜访后，"电动车王子"的微信很快加满了几千人，于是他又注册了几个微信，依旧风雨无阻地骑着电动车拜访客户，短短半年时间，几个微信号都已加满好友。这时他不再骑车去拜访客户了，而是每天在几个微信号里轮流发广告，当然不是那种每天刷屏式的群发广告，而是有计划地在朋友圈一一展示产品价值。剩下的时间，就巩固自己的专业知识。

有句话说得好，"花若盛开，蝴蝶自来"。当一名基本功扎实的销售人员将产品价值自然而然地呈现在几千个客户的朋友圈时，一定会有客户主动来咨询。此时的"电动车王子"就是如此，他只对接意向客户，很快就忙不过来了，日积月累下来，有时单月就能成交 20 多单。后来的事，你大概也猜到了，那就是蝉联销冠。

这不只是个例，任何销冠的前期都免不了大量的积累与付出，当你的客户积累到足够体量的时候，你已完成从销售到营销的转变。销售是你去找客户，营销则是有需求的客户找到你。所以你说销售之路有捷径吗？根本没有。如果一定要说捷径的话，我想那就是快速去积累吧！

1.2 认知客户

1.2.1 客户最抗拒的不是产品

在有些客户看来，购买风险来自销售人员，而非产品本身。为减少交易风险，消除合作顾虑，多数客户只会选择少数信任的、喜欢的销售人员。所以在销售产品之前，必须赢得客户的信任与好感。但怎样的你才能赢得客户的信任与好感呢？

1. 优秀销售的画像

在刚入行做销售时，我的第一笔大单因为准备充分，发挥不错，成交得很顺利。

签完合同后，客户问我："其实这款产品，别的公司的业务员也向我推荐过，但你知道我为什么最终选择和你们公司合作吗？"

我心想，肯定是我表现得更专业，准确传递了产品价值，戳中了客户痛点，加上我个人对自己的产品也比较自信，才使客户如此信任我。但嘴上不好意思这么说，就回："我想应该是您觉得我们的价格更合适。"

"不。也有价格比你们更理想的。"

"那是为什么？"

"因为只有你在向我推荐产品的时候，主动把优缺点同时讲给我听，全程都在为我考虑，我特别意外，也很感动。就凭这点，你这个朋友我交定了。"

这件事对我的启发很大：原来客户眼里的好，和我自己定义的好，并不一样。

2. 客户最讨厌哪三种销售

要问客户最反感哪种销售员，多数客户一定脱口而出这三种人：强行推介、滥用套数、不负责任。这三类人中的任何一类都非常招客户嫌弃。

（1）不了解客户需求而强行推介

有一类销售，他们总是还未了解你的具体需求便喋喋不休地将产品强行灌输进你脑子里。

你走进超市想买一瓶水，此时销售人员向你推荐了一款最近热销的高端饮品，他从产品口感到成分价值极尽详细地告知于你，全力以赴地劝你购买。但他并不知道你的购买目的根本不是解渴用，而是就近洗手不是很方便，买瓶水洗个手而已。所以他的推介不仅不会让你买单，反而会让你觉得很耽误时间。

女人路过夜市想买点橘子，但摊主极力推荐今天刚到货的火龙果和鸭梨，理由从清热降火到进口限量列了一大堆，最后女人淡淡回复，只是因孕初期口中无味而想吃点普通的酸橘子。最终女人默默地走向了其他售卖橘子的摊位。

如果销售人员还未了解客户需求就开始喋喋不休地介绍产品，那么多数情况下会招客户厌烦，更别说成交了。试问连客户需要什么都不清楚，说再多又有什么用？关于如何了解客户需求，我们将会在第 3 章详细讲解。

（2）谈单滥用套数

有一类销售人员，他们特别执着于技巧。在销售中，他们会频繁使用话术及各种策略，客户对他们而言只是完成自己业绩的工具。

=== **场景** ===

一位膀大腰圆的女客户看上了一款适合瘦高身形的人穿的连衣裙。见客户将衣服放在手中来回摩挲、爱不释手的样子，导购为达成今日销售额度，便决定用点套数，绞尽脑汁搜刮词汇来夸奖这名客户的气质，甚至构建了一系列客户穿上这件衣服的场景。

"我是打算买给女儿做生日礼物的。这件衣服我怎么能穿呢？小姑娘你不是睁着眼睛说瞎话吗？"

很遗憾，导购的套数并没有留住客户，客户以下次有机会再来为由，最终放弃了购买。

人贵情真，销售人员最核心的技能是真诚。在推介产品过程中，当发现客户的购买理由不够充足时，切忌滥用套数，也许你在套数中传递了价值，但别忘了同样会让顾客很反感，最终阻碍成交。

（3）不负责任

有一类销售，他们特别不负责任。随着市场竞争的加剧，很多销售人员急于求业绩，与客户初识时各种好话讲尽，签约前一天七八通电话，通通关怀备至，但在客户付款后，他便认为该单一劳永逸了，对后期客户存在的问题不闻不问。

某司有位特别能干的业务员，专业功底过硬，话术也很厉害，谈单几乎百发百中，有时其他同事遇到难以拿下的单子也会请他协助。但就是这样一名销售"能人"，在签单成功两个月后被客户拉黑了，不仅如此，客户二次购买时，并未再次找这名销售，而是将电话打到公司直接下单。

当公司再次将这名业务员分配给客户时，客户拒绝的原因竟是虽然认同产品，但是对这名销售的服务态度很失望。客户抱怨道："当初劝我购买时讲得天花乱坠，一天七八通电话，付款以后哪怕在节日都从未收到过他的一声问候。"

成交之后才是服务的开始。当钱款付过、客户需要你跟进服务的时候，你却像断了线的风筝，这种幻想着一劳永逸、不负责任的销售几乎没有可能让客户第二次掏钱。

1.2.2　不卑不亢才能赢得尊重

作为销售人员，你需要具备取舍的智慧，需要在众多客户中做出正确选择与合理取舍。那些难缠的、不可能成交的客户要放弃，那些意向较强、容易成交的客户要跟进。取舍的过程，就是对客户成交可能性评估的过程。

1. 莫对"豪横"有误解

有所失，才能有所得。对于任何一位销售人员而言，客户的拒绝再平常不过。

"暂时不需要""价格不合适""我再想想吧"等话语，客户总会脱口而出。这时你该怎么办？缴械投降，还是执着跟进？

有人说："我听王牌销售说过，要用逆向思维，对客户要豪横一点，你强势他更容易相信。"

也对也不对。这里的"豪横"与"强势"，主要是针对销售人员的专业底气和自信来说的，而不是对客户爱答不理的态度。你准确掌握了产品知识，清楚地知道你能为客户解决什么问题，同时你还拥有百分之百的信心、毋庸置疑的语气、肯定的眼神、得体的形象和肢体语言，所有这些都会让你底气十足。除此之外，"豪横"和"强势"还代表销售人员在面对客户的"无理"要求时，应当用专业的底气强势反驳。

因为口碑相传，某新楼盘业主找到小吴所在的装修公司设计装修房子，业主在签订合同后，希望装修公司能满足他的一些个性化需求，比如客厅的墙面改造。但公司经过分析后，认为业主所要求的方案从专业上来讲并不合理。对接的业务员和业主协商了几次，但业主依旧坚持，认为自己是美术设计出生，比业务员更懂美学，并表示一切后果自负。为此双方僵持，公司只得派小吴出面沟通协商留住这位大客户。

业主将小吴领到现场，以会加钱为理由，强行要求设计公司按照他的想法来设计施工。

"墙体切割一部分，视觉上的确显得空间更大，但是承重墙承载着整个房屋重量结构，一旦改动，稳定性和抗震性就会受影响，太危险，不能做。想节省位置，酒柜与餐边柜可以结合安装，这样节省的空间比您切割承重墙要多两倍，而且还能为餐厅提供非常好的储物能力，如此安排，房屋会显得更加整齐有序。"

小吴用自己的专业知识"豪横"地驳回了客户的"不合理"想法，客户想了想觉得有道理，便采纳了小吴的想法，并且在其他朋友想装修新房时将小吴介绍给了他们。

当客户提出不合理的要求时，不妨以不卑不亢的专业底气努力去说服客户，如果客户依旧无法认同，那就果断放弃，腾出精力去开辟新的天地吧！

2. 什么客户该放弃

高端客户若彩虹，遇见方知有。但如果因为没有高端客户而将无效的低端客户作为救命稻草抓住不放，定会精力耗尽造成更大的损失，所以销售谈单遇到该放弃的客户时一定要学会果断放弃。

=== **场景** ===

某花店开了分店，刚开业时，为了拓展客户，店主满怀激情，不管有没有意向的客户都一律再三争取，真正奉行"客户是上帝"的原则。因为极力争取，也确实有了一定的客户量。即便有些客户根本不听"一文价钱一文货"的真理，只管将价格压到最低，店主依旧心想：先积累再盈利，价格低点就低点吧。

制作一束 100 元的鲜花，时间成本大概在 20 分钟左右，因为价格便宜，又不好将品质降低，所以一束鲜花除去花材成本，大概只能赚 10 元左右。为了这 10 元钱的利润，店主每天都要投入大量时间维护这些图便宜的客户，对于客户的咨询、比价、抱怨、闲聊……都要一一应对，为此也没有精力再去开发新的客户。

一个季度下来，交完店租，店主发现自己竟然没存下钱。新店虽然门庭若市，看起来生意十分火爆，但营业额却不如冷冷清清的旧店。出于长远考虑，店主不得不另想办法，渐渐"冷落了"这些不赚钱的客户。

有一种客户，他们从来只关注价格，你一报价他便以价格不合适拒绝你后面所有的产品介绍；有一种客户，他们永远在谈完单后，留下一句"我考虑下"便杳无音信；有一种客户，他们看不起销售人员，玻璃门上惯性贴着"谢绝推销"的字样……对于这些客户，我们是否要放弃？别急，后面的章节会告诉你。

1.3 认知销售

1.3.1 做好销售的三原则

1. 不认可产品，别欺骗客户

产品本身，确有高低之分，特定的商品通常有特定的买家，但这部分特定客户是否最终买单，取决于是否信赖你的产品，这种信赖很大可能来自销售人员自身对产品的信心。为什么这么说？因为只有自己内心认可的东西，才更容易触动他人。试想连自己都打动不了，顾客又怎会为之买单？

━━ **场景** ━━━━━━━━━━━━━━━━━━━━━━━

某司有位业务员，脑子很聪明，本人也很好学，不仅拜访客户积极，业绩做得也不错，但他从来不把自己的产品推荐给亲近的人，甚至推荐亲朋好友选购其他品牌的产品。

领导问他："你为什么不在朋友需要的时候推荐我们自己的产品呢？"该销售坦诚回道："我觉得咱们的产品很一般，给朋友推荐当然希望他买更好的。"

"觉得产品一般，那你为什么要卖给客户？"

"销售最重要的当然是卖出去产品，跟我自己觉得产品怎么样没多大关系啊。"

领导说："我劝你离职去其他公司找个自己认可的产品去销售。"作为一名销售人员，只有在方方面面了解自己的产品并认可它的时候，才有资格将产品推介给客户。如果连自己的产品都不认可，从心里看不起或排斥产品，那等于在欺骗客户。

这世间不存在完美的产品，也不存在完美的公司与完美的销售员，但正是这些不完美，才让彼此有了无限的成长可能。想要所售产品的价值最大化，就要相信自己的公司，相信自己所销售的商品。如果做不到，那么请不要欺骗客户。

2. 合同趁热打铁签

关于签单，一定牢记十二字法则：签单趁热打铁，谈单要带合同。

=== 场景 ===

两年前，我去分公司出差，那天刚好协助一名城市经理去谈个单子。当天和客户聊得很愉快，单子谈得也很顺利，但这名同事却忘带合同了，最终只能将签单日期定在第二天。

回公司时我问："怎么不带合同啊？"

"我出门时给忘了。"

"为什么？要是客户要求今天签合同怎么办？"

他支支吾吾半天："大家都这样啊，第一次出来谈单，成交的概率一般都很小，所以拿不拿也无所谓了。"

"签合同不趁热打铁，你就等着客户变卦吧！"

果然，第二天，当他再捧着合同去签约时，客户改变主意说要再看看。

当时我这同事肠子都悔青了。

客户为什么突然改变主意？很容易理解。这不是你的问题，也不是产品的问题，而是客户本身会有一个消费缓冲期，比如趁着还没签合同，他会找家人、朋友商量，比如他会左右权衡这个产品目前是否百分百需要等。如果销售人员没有及时把握客户的成交信号并签下合同，这一系列状况就会导致"夜长梦多"。想要成交率达到最大化，最好趁热打铁在客户成交意愿最强烈的时候去签单。

3. 重要的事情只能有一件

有酒没空喝，有书没空看，有恋爱没时间谈，你每天加班又忙又乱、焦头烂额。但看看你旁边的同事，看似工作没你努力，每天都很清闲，但业绩却一点儿也不比你差。你猜问题出在哪儿呢？

=== **场景** ===

某销售员本来计划今天给一百个客户打电话，刚翻开号码簿，又注意到电脑旁的便签上写着"××客户需要二次跟进"，于是又扔下号码簿，去文件夹翻这名客户的基本信息。正在一边翻、一边记录的时候，同事又急匆匆拿来有误差的报价表请他帮忙处理，于是他又打开电脑帮同事处理报价表。等报价表改好，已经到中午了，又该点餐了，他这才想起今天一个电话都还没打……

同事看不下去提醒他："你要把这些事情分开处理，一件件单独拎出来。"

"也懂，但是怎么拎？"

"当你家里来客需要泡茶招待时，你会先洗茶具还是先烧水？"

销售员想了想回复："先烧水，趁着烧水的时候去冰箱把茶叶拿出来，然后洗好茶具等着水烧开就好了。"

"你看，烧水泡茶讲的就是管理时间的统筹方法。把你的待办事项分为紧要、紧急、重要和无关紧要这几类，再根据要紧程度依次处理。"

记住，任何时候最重要的事情只能有一件。想要工作效率最大化，销售就要学会合理利用自己的时间和精力，用最有效的方法合理调配各项资源，这样在相同的投入下才能获得最大的回报。

1.3.2 "不成交便成仁"

日常销售中，我们经常会遇到犹豫不决的客户，或因价格问题，或因防备心理……他们总有各种理由不签合同。但不签合同就没有价值吗？

=== **场景** ===

我 20 岁时曾在一家网络公司做业务员。入职三个月，满腔热情，业绩却一直不太理想，直到有一天，一名跟进了很久、正在考虑中的客户突然告知我，他已经和别的公司合作了。当时我感觉五雷轰顶一般，因为这个客户我付出了很多时间和精力去跟进，甚至等着那笔单子的提成交房租，所以很苦恼。实在想不出自己的问题出在哪儿，于是就想：不如干脆去问问客户不合作的原因吧，反正他都不想跟我合作了，应该也不会担心我再向他"推销"。干脆直截了当问清不合作的原因，也好让自己死心。

电话接通了，对方语气很平静。

我问："哥，咱们之前聊得也挺好，我想了解下到底是什么原因让您最终不跟我们公司合作呢？是您对我们公司的产品或服务不满意吗？"

"不是的，我觉得你们的产品很好，服务也很好，但我是设计公司，想做个炫酷一点的展示型网站。说实话，你推荐的那几个案例还是有些保守，没有我看得上的。"客户如实相告。

我马上反应过来，问题原来出在我这里，于是便说："您早说啊，设计感强的我们公司也擅长。对不起，我一直以为您想要的是功能型网站，那些炫酷的案例一个都没给您展示。您看您哪天方便，我再过去一趟？"

"目前已经定了，下次有机会再合作吧。"客户委婉拒绝。

"好吧，那谢谢您。"

我很失落，下班后将自己关在办公室反思。都怪自己想当然，从第一次接触客户，通过他的穿着打扮、言谈举止，自以为是地为客户推荐了保守的功能型网站，但后来才知道客户想要的是炫酷前卫的设计风格，原来自始至终我都没抓住客户的真实需求。越想心里越愧疚，并不是公司没有这个实力，而是因为我的判断失误，没有将最合适的方案给到客户，最终导致公司失去了这次合作的机会。

我很想挽回，就算客户不跟我们公司合作，我也希望他能看到我们的全部实力。当天晚上，我又加班把那些"炫酷"案例重新整理了一份，并且详细备注了每一项功能的设计理念和实际应用效果，第二天一早抱着侥幸心理给客户发了过去。

没想到，幸运真的降临了。资料发过去没多久，这位客户竟然打电话让我去公司聊聊新方案。

那天下午，我们聊得很投机，后来这笔单子"起死回生"了。

有了前车之鉴，在半年的成长期内，我一遇到不成交的订单就厚着脸皮问原因，在寻找原因并想方设法弥补、改进、积累经验的过程中，我也找到了跟进那些处于考虑中的客户的方法，不论有没有成交，最后都被赋予了价值，除了自身能力获得很大的提升外，也直接给我带来了突飞猛进的业绩。

在销售中，"死单"很正常，但有些单子若能主动查明"死因"并积极跟进，常常会有"起死回生"的转机。因为这个时候，不合作的客户往往已经放下戒备心，他们会"情真意切"地将拒绝理由告知于你，而此时正是你发现错误、及时改进的成长机会。

第 2 章

销售机会源于开场

导语：很多销售机会都源自漂亮的开场，当对方与你初次见面便接受并认同你时，你才更容易进入对方的真实世界。开场白的谈吐、姿态、表现出的专业程度等都会在准客户心中勾勒出一幅反映你的画面。但凡想要后续合作，必然要给客户留下美好的第一印象。至于如何创造良好开场让客户一眼便认定你，正是我们本章将要讨论的内容。

2.1 开场定成败

2.1.1 别让开场成为过场

万事开头难，但也别忘了，一个好的开端，往往等于让原本艰难的事成功了一半。于销售人员而言，谈单环节步步为营，而完美的开场则是展开一切环节的必要前提，这是因为不论地推或电销，不论顾问式销售还是被动式销售，开场表现的好坏都将直接左右客户对你的判断，从而决定该笔订单洽谈的深浅程度与成败命运。

正确的开场白担负两大使命：一是打消客户的抗拒心理，二是奠定在客户心中的角色定位。有效的使命又必须建立于恰当的时机之上。假使你已掌握超强的专业知识，腹中兼有许多话术技巧，但倘若时机不对，你将没有任何机会开场。

当你匆匆迈进商场，即便心情不错，即便打算选购一两件心仪物品，但若有热情导购在你进商场伊始，便向步履匆忙的你推介产品，抑或有销售顾问将你拦下探寻需求，此时无论对方的产品多么美妙诱人，相信你只会摆摆手匆匆瞥过。为什么？因为时机不对，此刻你无心关注任何商品。当你继续向商场深处行走一段距离，你会渐渐放慢脚步，下意识地去看看橱窗里琳琅满目的各色商品，这时若有导购表露良好的服务兴致，你将很容易接受导购的推介与服务，只要她足够专业，你将大有可能选中刚好需要的产品。为什么？因为时机对了，此时你已过了消费抗拒期，愿意对感兴趣的产品一探究竟，听他推介。

不必再抱怨"任凭自己如何施展开场话术，那些客户永远不会正眼相看"。请试着反问自己，是不是时机不对？是不是在顾客尚处抗拒期便急于开场、急于传递你和你的产品价值？要知道于客户而言，抗拒期的一切问候、赞美、套近乎，它们都是销售套数，而恰恰没有人喜欢套数。谨慎选好开场时机，才是施展技艺的重要前提，时机不对，根本没有开场机会。

2.1.2　以思维加持话术

1. 撬开好奇心缺口

即便时机成熟，开场失败的案例仍旧不胜枚举，开口一句话将事情搞砸的销售比比皆是；即便话术纯熟，依旧与意向客户失之交臂。精心设置的开场白从未触及客户那根敏感神经，问题到底出在哪里？

━━ **场景** ━━━━━━━━━━━━━━━━━━━━━━

行人如鲫的街头，化妆品销售员试图拦住一位行色匆匆的年轻女性，他紧追其后介绍道："美女你好，你很有气质，我是××公司的美容顾问，公司新推出一款产品，邀您试用……"

"对不起，我暂时不需要。"女人打断她，头也不回地走了。

面对无情拒绝，销售员强颜欢笑，继续向其他行人推销："你好先生，我是××公司的美容顾问，我们邀请您试用……"

整整一天，尽管销售员面对着一次次的漠视与摆手拒绝，但他依旧熟练地背诵着开场口诀。

以上开场失败的原因是什么？显然，时机不对是一方面，赶路人行色匆匆，无心理会。客户抗拒是另一方面，开场方式毫无新意可言，只懂一味介绍自己和播报产品。所谓"您真年轻""您很有气质"这类老套夸赞，在客户看来仅仅意味着"我先夸你几句，一会儿你得配合我的销售。"这种"销售味"极浓的开场方式，必然会让客户心生厌烦，只想躲避。

场景

某个周末，我带着两岁半的儿子去公园玩儿。公园内外，照例有很多早教机构业务员在派发传单，并努力搜寻着与宝爸、宝妈聊天的机会。我已遇到太多类似的销售员，所以选择礼貌拒绝。周末带孩子出来放松，实在不想被推销搅了兴致。

但是当我带着孩子在公园玩了一小时后，有个女孩过来问我："大哥，我刚刚观察到当其他小朋友在场时，您家宝宝总会要您抱抱。这和我之前一个朋友的孩子很像。"

我听后很诧异，因为作为父亲，自己竟然没有发现这个细节。

于是我问："是吗？为什么孩子会这样呢？"

她见我对这个话题颇有兴趣，便接着说："是因为宝宝内心孤独。现在独生子女偏多，宝宝们独自看动画片的时间远高于与他人接触的时间，所以普遍会有孤独的心理，不过您也别太担心。"

女孩说到这儿，我心里为之一颤，没有想过天真无忧的孩子竟然也会孤独。我继续向她讨教这类话题，她一一耐心解答，给我上了生动的一课。最后，我才知道，原来她是某早教机构的咨询老师。那天下午，我们针对孩子早教方面的问题聊了很久，她也给了我很好的建议，后来我给孩子报了他们机构的早教班。

这位早教机构咨询师的搭讪不但没有令我抵触，反而使我主动想了解更多知识。为什么？因为她巧妙地打开了我的好奇心缺口。何谓好奇心缺口？当我们对某件事物的了解存在缺口时，就会产生好奇。有缺口就会让人难受，想知道却又不知道，就好比隔靴搔痒，总想伸手去挠。而要解除这种痛苦，就得填满缺口。早教机构咨询师并没有像其他销售人员那样给我发传单、介绍产品，甚至没有急于介绍自己，而是用一个提问打开了我的好奇心缺口，让我产生探索兴趣，这样不仅消解了我的抗拒之心，而且还让我感觉她很专业，同时也相信她一定会从专业的角度为我解决这个问题。这样的开场白十分理想。

换个思维，话术不急，抛下本位主义，考虑清楚再开场。试着去打开客户的好奇心缺口，激发他的探索欲，让他不再有抵触心；试着给客户传递有用价值，用自己的专业知识让他感受到你言之有理，再去出谋划策。以上两点若做好了，那么恭喜你，谈单已经成

功一半。

2. 地推如何巧妙见到负责人

俗话说，事要办到点子上，找人要找到决策人。但销售人员在地推开场时，往往并不能轻而易举地见到决策人，因为在销售与决策人之间通常会有一道屏障——公司、门店的前台。如何越过屏障见到决策人，是每位预备开场的地推人员必须解决的问题。在进行地推开场之前，除了做好客户资料分析、选择拜访路线、熟悉产品知识外，还要想尽办法见到决策人，给自己一个顺利开场、传递价值的机会。

=== **场景** ===

2015 年在杭州开拓市场时有这样一名员工，他在做地推时屡战屡败，每一次失败都卡在前台环节，基本没有见到过决策人（店长），前台要么说店长出差了，要么就让其留下一张名片，并冷冷地留下一句"需要的时候联系你"。

"难道每次都这么巧吗？"他问我。

为此，同事常调侃他"一腔热情总被卡在开场前"。实际上，他心里也很清楚，店长其实就在店里，只是前台不想引荐。"想个办法吧！"我说。

有一次我去陪访，他对我说："如果这次前台再耍我，我就耍她。"话是气话，但决心是有的。

果然，还是未开场，在前台那得到的依旧是那句"我们店长刚出去，你留个名片吧，需要的时候我们再联系你。"

"好。"话音刚落，他转身坐在沙发上。

刚接过名片的店员问："您这是还有什么需要吗？"

"您是店长吗？"他反问店员。

"我不是。"店员说。

"我等店长，我要和店长聊聊。"这次他没像往常在其他店一样做自我介绍。

当时我和店员的反应一样，特别诧异。

店员接着又问："您要有什么事我帮您转达给店长吧！"

"不用麻烦了，我等他来，您先忙。"他轻声细语，但态度坚定。

店员一脸疑惑，不一会儿，竟去后店将店长叫了出来。见到负责人后，这位员工立马切换成销售专业模式，从开场话术到传递价值，说得头头是道，让初次见面的店长十分认可。后来这单当然以成交结束，并且在尝到甜头后，此后地推开场用这招，他也屡试不爽。

以上个例仅供参考，需要说明的是，这类技巧在使用时是有前提的。这种特殊技巧不适合企业，只适用于店面地推，并且仅可在初次见面时使用。试想如果前台已经知道你是一名销售人员，但

你仍然使用这招，那么只会招致反感，让人觉得你耍无赖。做地推时不妨大胆一些，气场十足，才更容易越过屏障。至于方式多种多样，逢山开路，遇水架桥，具体方法还需要在实践中不断摸索。不论如何，先见到负责人再说。

🪝 2.2 电话开场白 🪝

2.2.1 方式和语调

1. 开场方式

电话销售最怕怎样的尴尬？一定是你给客户的电话刚通，但对方得知你是销售人员后，还未听你介绍产品就已挂断了电话，哪怕这个产品对他来说是真正需要的。为什么会这样呢？这是因为不管你在推荐什么产品，对方潜意识都会觉得你一定要将产品销售给他，进而抵触感大增。当电话被切断时，意味着事情多半已被你搞砸，不论你的产品多好，也不论客户是否有购买意向，你与客户的缘分已经因为这通电话终止于开场。

所以，作为电话销售人员，如何避免尚未传递价值便已惨遭拒绝的尴尬呢？

═══ **场景** ═══

电话销售人员："您好，我是××医疗设备公司的业务员××，不知道您有没有听说过我们公司？"

医院负责人："没有，怎么了？"

销售人员："请允许我向您介绍下我们公司……我们最近新研发出一种测试骨密度的仪器……"

医院负责人："我现在很忙，暂时不需要，再见。"

话音未落，电话已被客户挂断。

这无疑是一个尴尬的电话开场。在业务员直白的自我介绍后，客户尚有兴趣了解后续内容，但很遗憾，销售人员没能抓住客户给的机会，而是继续生硬地推销公司和产品，导致客户敏感地嗅出了浓浓的销售味道，进而立刻产生抵触之心，只想赶紧结束对方啰嗦的开场。医院很有可能需要这款测试仪器，但又如何？业务员尚未将该产品的价值传递给客户，便已因生硬的销售开场而失去谈单的机会。

场景

电话销售人员："您好，您是好识科技的李总吗？"

"是，怎么了？"电话彼端客户问。

"抱歉打扰您，是因为刚刚在电梯看到贵公司广告才给您打的这个电话。我想说的是，其实目前最适合您的不是这种成本高于获客率的传统广告。"

"什么？"客户有些不明所以。

"李总，其实我了解过您的公司，现在您的客户群体眼球都集中在线上，因此更适合您的应该是线上信息流广告。线上广告不仅能让获客成本降低百分之三十，而且精准度能达到百分之八十，我想您一定算过这笔账。"

"方便告诉我你是哪位吗？"客户追问。

"我是大野公司的广告专员××，目前服务于您所在的行业信息流广告这块……您这个行业已经有一些公司在和我们合作了，效果都非常不错。"

"哦，那你说的这种线上广告是怎么运作的呢？"

"您不介意的话，我想和您当面聊聊……"

"这样吧，你明天到我公司给我看看你们做过的案例。"客户要求进一步了解这款"能够将获客成本降低百分之三十"的线上广告。

"乐意为您效劳。"

从上面场景我们可以看出，业务员在电话开场中并不急于自我介绍，而是通过提问的方式，戳中客户痛点——"您的投放模式不好"，成功打开了客户的好奇心缺口，顺利获得了继续交谈的机会。当客户对产品产生兴趣时，业务员又巧妙地给出客户"低投入高回报"的投放渠道，这样做既让客户产生了好奇，又以专家形象传递了价值，加之"同行已在合作，效果不错"等案例刺激，这样有价值的一通电话，客户怎么可能舍得挂断？

记住，电话开场白能不能抓住黄金几十秒，很大程度上取决于你是否运用了电销开场的公式。这个公式就是以现有问题切入，以此来打开客户的好奇心缺口，进而让对方给你说下去的机会，然后再用场景激发痛点，准确传递好处与价值。若不了解公式，那么客户随时都可能终止你的开场。

2. 语气语调

在电话销售的开场中，你与客户之间仅仅通过一根电话线来传递彼此之间的信息和情绪，而承载情绪的有力工具便是你的语气语调。

══ 场景 ══

工作室有位小姑娘，声音非常甜美动听，但她并不是销售岗位人员。我曾让她帮忙录过音频课程，内容是我编辑好的一段电话邀约话术，让她模拟。第一次录制音频，她落落大方地坐在录播间，声音状态也非常完美。

"喂，您好……"她的声音甜美，吐字清晰，但语气语调却让我感到很有压力。这时我才恍然大悟，内容是我写的话术，但语气语调完全像在背诵课文，如果我是客户，一分钟也听不下去。

于是又找她重录："你别照着稿子念，现在你把自己当作一名销售人员，脑海中想象开场的情景。"

小姑娘对着镜子看了看自己，问："模拟我自己在和客户打电话时的情景，对吧？"

"是的，用你认为最舒服的语气语调。"我说。

自然发挥后，小姑娘语气语调的变化立马让人感觉不一样了，轻松自然，完全没有生硬之感。

电话开场的目的是要尽量为自己争取见面谈单的机会。小姑娘一开始只顾着背话术，却忽略了语气和情感，所以很难让顾客产生共鸣，从而邀约成功。但第二次补录她将自己置身"角色"中，自由发挥，立刻就表现得非常松弛自然了，这样才更容易拉近自己与客户的距离。

电话开场当然要有话术，但与话术同样重要的是语气。语言传递信息，语气却承载着情绪。天下没有陌生人，只有似曾相识的朋友。好好说话，用一通富有感染力的电话完成一次事半功倍的开场吧。

2.2.2　高低认知定话术

经常有人问我："电销开场话术有没有什么技巧？"答案当然是有，不过，运用这些技巧的前提是先要判断客户对产品的认知度的高低。

所谓认知度高的产品，多指房子、车、饭菜、衣服等。

若售楼人员企图通过一个电话让客户从不想买房变成想买房，基本不太现实，除非恰巧电话彼端的客户刚好有买房计划或想法。

大部分高认知产品属于客户的刚需，往往不需要人过多推介。穿衣吃饭，你需要他人来向你推介吗？但现实中却不乏通过电话去销售高认知产品的行业，比如售房、售车、售保险。对于这些行业，其实并不建议通过电话来销售，若转而用一些营销动作，效果可能会更好，比如近年兴起的自媒体。

所以对于高认知产品的销售，不妨从两个方面着手：第一，以量取胜；第二，通过营销手段让有需求的客户找到你。

所谓低认知产品，多指客户认知度低的东西，譬如一些线上产品，或是针对传统行业的互联网工具等。

对于低认知产品，客户在接到你的电话前可能并不知道这些产品的存在，有时即便需要，也不了解，这就需要运用底层逻辑结合相关技巧来提升客户的认知。电销人员在推介低认知产品开场时，除了需要分析产品属性、介绍使用人群外，还要将产品定位到使用情境中，让客户能够看到使用这款产品将会达到什么效果。

场景

销售员："您好，李总，请问贵司近半年是不是销售人员离职率特别高？"

客户："是啊，怎么了？"

销售员："员工管理困难，客户资料容易丢失，客户交接也经常出问题，对吧？"

客户："对啊，你是谁？你怎么知道？"

销售员："我是 ×× 公司服务专员 B，很多公司都存在贵司类似的问题，而我们公司的销售人员管理系统正是为解决这些问题研发的。"

"管理系统？你们具体是什么公司？"客户非常好奇。

"是的，近半年来，我们已经成功服务了十几家公司，效果非常不错。您有兴趣的话，我给您介绍下我们公司的这套系统。"

"怎么收费？"客户又问。

"这样，我找个时间去您公司详细介绍演示给您，到时候您再看看是否对自己有帮助，这样如何？"

"好，那你明天过来吧。"客户说。

还是利用好奇心缺口开场，这个案例取自网络管理系统刚兴起的那几年，当时多数人对这个名词认知度很低。"销售管理系统"对电话彼端的顾客而言还是个陌生的名词，他们根本不知道该系统是用来做什么的。如果业务员开场便介绍自己并且推产品、甚至报价，很容易让客户挂断电话。产品尚不清楚，怎么接受推荐？但案例中的销售员巧妙利用提问打开了客户的好奇心缺口，之后又以"员工管理困难"等一系列问题戳中客户痛点，最后顺理成章地带出了能解决问题的"系统工具"，一步一步让客户想去认知产品。由此我们也可以看出，面对低认知产品，我们需要让产品在场景描

述中一步一步变清晰。

电话开场要谨慎，认知高低定话术。认知度高的产品比数量，或让客户找到你；认知度低的产品找痛点，或能清晰描述价值。

✆ 2.3 顾问辨水准，被动有分寸 ✐

2.3.1 被动开场重服务

像商场导购这种等着客户上门的销售人员，他们的销售行为统称作被动式销售。对于被动式销售而言，卖场即战场，如果客户进店后一眼看不到自己想要的东西，又或者对导购人员尚有抵触心理，你的商机很可能就消失了。所以在被动式销售中，开场时要尽量提供服务型话术，先探寻客户需求，再给出专业的购买建议，同时还要注意进退适时、把握开场分寸，让客户愿意接受你的服务。

═══ **场景** ═══════════════════════

一名女士走进男装店铺。

导购员热情向前招呼："女士您好，您想买什么衣服呢？"

"我只是随便看看。"顾客回复。

"您想要看什么衣服呢？"导购继续跟在客户身后，热情追问。

顾客觉得很烦，走出门店。

一名女士走进男装店铺。

导购员不确定她到底需要买什么，微笑指引："女士，我们的新款上衣在这边，裤子在右边，鞋子和配饰在柜台两侧，您可以随意看看，有需要可以随时找我。"

"好，我先看看，有需要我再叫您。"

不一会儿，顾客问正在叠放衣服的导购："我想试下这件外套，我穿中码，您能帮我取一件吗？"

"当然可以。"

两个场景，都是被动式销售开场，但销售员的开场方式不同，得到的结果也完全不同。第一个场景中的销售员显得特别没有眼力见，"您想买什么衣服？"属于攻击型话术，客户尚未看中商品，销售人员便急于给客户购买的心理暗示，要知道，没有任何一个客户喜欢被强制要求消费。第二个场景中的销售员显然更懂得如何开场，"有需要您可以随时找我"用的是服务型话术，潜台词是"我不会打扰您，但又随时准备为您服务"。并且服务型话术更深一层的意义在于它兼具引导性，譬如"鞋子在这儿""衣服在那儿"简单的两句话不仅恰到好处地引导了客户，更是关怀备至，不仅增加了客户好感，而且可以提升顾客进店率。试问，如果你是顾客，怎会忍心拒绝一个真心为自己服务的导购？

客无亲疏，来者当敬。被动式销售中，当客户迈进店门时，他一定是有着某种需求或初衷的。走进服装店，可能是他想购买一件衣服；走进美妆店，可能是他想看看美肤产品。当你知道客户有需求但又不明确他的具体需求时，请记住，赏客户之心，悦客户之耳，此时的开场话术核心不是"你要买什么"，而是"我能为你做什么"，前者是提问，后者才是服务。

2.3.2　顾问开场辨水准

告诉客户你卖的产品是什么，这是普通销售；告诉客户你的产品能为他解决什么问题，这是解决问题型销售；告诉客户他存在什么问题，你建议如何解决，这是顾问型销售，也是高级销售。而高级销售的开场，毫无疑问要以扎实的专业做依托。客户会快速信任谁？答案永远是那一小部分专业基本功扎实的高级销售。

我特别喜欢钓鱼，因此也关注了很多钓鱼类的主播及网站。有一阵子刚好打算换一批渔具，便找到了一些售卖渔具的直播间。筛选过后，发现有两家店铺在同时售卖我常用的一款鱼竿，两店虽然定价一样，但人气却大不相同。

后来发现人气较差的主播基本以卖货为主，但凡有人进入直播间，该主播开场便跟你聊产品的质量，偶尔复制一些介绍鱼竿的文案。面对稍微专业一点的粉丝提问，她只会笑笑一带而过或者卖萌转移话题，甚至连"停口顿口"这类专业术语都听不懂，很多钓鱼发烧友进来聊不上几句便退出直播间了。

而人气较高的主播明显更加专业，他了解每一款鱼竿的优劣，除了鱼竿文案，他还经常和大家聊一些钓鱼技巧、钓鱼趣事。对几乎每一位进入直播间的粉丝，他都能从钓场、手竿技法、鱼的俗称等不同角度主动打开话匣子，并进行很好的互动。另外，对粉丝提出的各类关于钓鱼方面的刁钻问题，他也都能对答如流。观察几天后，我在人气较高的那家店铺下了单。

同品牌、同价位的鱼竿，我为什么需要观察对比再下单？因为我不只是需要买鱼竿，更希望能够有个专业的人和我交流钓鱼技巧、分享钓鱼的乐趣。在同样价格与品牌的情况下，我相信所有钓鱼爱好者都会和我一样，选择专业的，而不是卖货的。选择专业的卖家，意味着随时可以向主播请教和交流一些钓鱼问题，相当于请了个免费的销售顾问，这样既掌握了技巧，又享受了乐趣，何乐而不为？所以更专业的顾问开场一定会让我更愿意相信它。

为什么懂育儿的主播母婴用品卖得好，懂美妆的主播护肤化妆用品卖得好，懂穿搭的主播服装配饰卖得好？因为客户永远只会信任专业的销售，只有专业的销售才能给他们正确的建议和解决问题的方法，而不是只为卖产品给他们。顾问型销售的高级之处就在于能以自己扎实的专业功底提前预见客户的需求和问题。"行家一开口，就知有没有"，顾问型销售就是这样的，他在开场时说的每一句话都会成为客户认定他的定心丸。

2.4　微信、传单看价值

2.4.1　微信开场有两次

1. 让客户愿意加你为好友

你常责怪自己："为什么客户总不愿加我微信？为什么客户加了微信依然不理我？"客户不加你，是因为你没有让他看到加你微信的价值；客户不理你，是因为你的微信开场让他不舒服。还是开场的问题，要知道，其实微信开场有两次，第一次开场，是想办法让客户加你的微信；第二次开场，是加了微信后让客户愿意搭理你。总之，加不加你看铺垫，理不理你看表现。

=== 场景 ===

暑假的某一天，我与太太带着孩子出去玩，见小区门口有个售卖大葱的小姑娘。太太见葱挺新鲜，就问："多少钱一斤？"

"我们只送不卖的，您挑一捆就行。"

"为什么只送不卖呢？"我问。

"因为我们在推广一个配菜送菜的社团，不定时会选一些新鲜的水果蔬菜打折和赠送，而且微信下单半小时内可以配送上门，您这个小区会更快哦。"

"哦，这跟送葱有什么关系？"

"您免费领到葱后再扫下我的微信就可以了。"她出示了二维码。

"加微信送大葱，这个挺有意思。"旁边有人说。

这时，路过的居民听说加微信可以免费得到大葱，而且以后买菜可以送货上门，就全围上来了。

———————————————————————————————

"加微信后大家做好备注，以后买菜大家可以打开我分享的链接直接下单，不仅有各种折扣，还可以免费配送到家，都是当天的新鲜果蔬，而且省去了逛市场的时间。"小姑娘一边通过微信扫码验证，一边给大家"描绘"场景。

为了节省买菜时间，我和太太也通过这位小姑娘加了社团微信。

小区内外来往的行人听说加微信可以免费领大葱，便一个个都来了，加微信的人越来越多，领到免费赠送的大葱后，又一直追问加了微信后怎么下单。

━━ 场景 ━━━━━━━━━━━━━━━━━━━━

装修公司进来一位客户，明确自己需要货比三家，进来只是看看，所以让销售人员如实报价。销售员毕恭毕敬端茶倒水，并将所有价格套餐一一呈现在客户面前。客户看了看，问了几个问题，表示自己心里有数，留过电话就要出门去。

"方便加个微信吗？"销售员快步追上客户请求加微信。

"不用了，有需要我会联系你的。"客户说。

销售员不好一再请求加微信，只好傻傻杵在原地。这时主管见状过来。

"先生您好，我们加微信是为了先给客户发一套详细的服务案例。您虽然有我们的联系方式，但下次您遇到某个细节问题时，我们在电话上描述的毕竟不如微信图片和视频来得更直观。"主管说。

见客户有些犹豫，主管又说："您也说了货比三家，多一些案例的话参考价值会更大，也能避免花冤枉钱。"

"那你们再发几个案例给我看看，刚刚那些预算确实也超了。"

"没问题，我们上个月有两家户型设计都还不错，一会儿让我们专员单独发给您，您看怎么样？"

"也行吧。"客户听后同意加微信。

开门见山请求加客户微信，加过之后又讲不出个所以然来，这样肯定不好使。送葱小姑娘以"大多客户都有占便宜心理"为依据免费赠送大葱，给了客户甜头。小区居民尚未添加微信便已得到一捆免费赠送的大葱，这种好处让人很容易放下抵触心理。当顾客得知加了微信不仅随时能吃到有折扣的新鲜蔬果，还可以省去大量买菜的时间时，权衡之后十分心动，所以会簇拥着主动添加微信。而公司主管，恰恰也是以"给您发案例参考，避免花冤枉钱"戳中了客户的心理，因为你要给他参考的东西正好对他有价值、有帮助，此时客户也许不想加销售人员的微信，但更不想在装修方面花冤枉

钱。虽然很多客户不愿加微信，但他们中的大多数人并不会拒绝提前得到的意料之外的好处；顾客虽然不喜欢被强制消费，却从来不会拒绝销售人员即将带来的价值。

添加微信之前要铺垫，铺垫的核心是价值，客户加不加你，源于你值不值得，如果铺垫没铺好，那么即使加了微信，客户也不愿理你。

2. 让客户愿意理你

别以为互加微信后客户就已经被你套牢了。当你与客户成为微信好友后，还有一次开场需要去做，客户理不理你，关键就看你这一次开场的表现了。刚刚加上客户微信，彼此不够了解，客户具体需求尚不明确，此时应该如何得体开场？这是很多销售面临的难题，别担心，有方法。

=== **场景** ===

销售专员在挂断电话后，收到客户的微信好友验证信息。

在成为微信好友的第一时间，专员趁热打铁将公司和热销产品的相关资料一并打包发给了客户。

"好，收到。"客户回复。

"期待与您合作，您考虑好了尽快给我信息，这个价格以后就很难遇到了。"专员留言。第二天，又去问："先生，您考虑得怎么样了？"

客户没有任何回复。

专员担心客户没看到信息，于是再次发送了消息。

此时手机屏幕显示：您已不是对方好友。

明明意向客户在电话中聊得很好，为什么通过微信说了几句话就被对方拉黑了？

场景

一名意向客户在看完几套沙发后顺手加了导购的微信。

导购礼貌性地打过招呼后，留言道："您刚刚看上的几款暂时货源充足，不急于决定，您可以再多看看。"

"好。"客户秒回。

"我这边有一些室内搭配案例，感觉和您的风格很相似，不介意的话，我发给您，或许可以给您一些搭配灵感。"导购没有提及商品的事情。

"你发给我看看吧！"

接下来的几天里，导购都没有热络地给客户发送任何商品信息，也没有询问是否考虑清楚，只是偶尔看到不错的搭配案例就分享给客户，并简单给出自己对于设计风格的想法，但客户依旧不冷不热。

"我想买那天在你们店看到的那款沙发，你觉得明黄色和焦糖色哪个更适合我？"几天后，收到了客户的询问信息。

"个人认为明黄色更适合您。"

———————————————————————

两个场景，均是添加好友之后的开场。在第一个场景中，销售专员在与客户成为好友后迫不及待将大量产品信息发给对方，并且不断传达商品折扣信息，潜台词是让客户尽快买单，恨不得即刻成交。这样的开场方式，让对方非常有压力，这种情况，客户轻则抵触，重则拉黑。第二个场景中，导购在开场时避开了商品购买的话题，而是似熟稔的好友那样站在对方立场，让他不必急于决定，甚至主动为客户提供搭配案例作参考。导购的贴心，不仅无形中拉近了彼此间的距离，更让对方感到自己被尊重。当客户问出"你觉得明黄色和焦糖色哪个更适合我"时，话题便真正被打开了。

微信添加成功后的开场，一般强调两个技巧：第一，不要追问客户是否考虑清楚，而是真诚把客户当成好友、闺蜜、兄弟般对待；第二，为客户提供帮助，吸引他，让他继续看到价值。

2.4.2　派单开场有诀窍

传单无疑是某种有力的广告模式。有的销售认为，只要将传单派到路人手中，再加上一句"谢谢"就算这次推广已完成。其实不然，派单看似简单，实则却是一项集时间、地点、开场话术于一体的技术活儿。

第一，派单需要选好时间。

上下班早晚高峰期，我常见派单员努力想将传单塞给路人，但路人却极力躲闪拒绝的画面。原因很简单，早晚高峰时，来往行人往往最匆忙，要么赶着上班，要么赶着回家。从行为心理学的角度分析，当人们有一个目标需要达成时，最不愿意被干扰。而在上下班途中，派单员在行人看来就是干扰因素。因此即便上下班高峰期人多，即便有人接过你的传单，广告转换率也是极低的。

那什么时间派发传单更好呢？从经验和行为心理学研究结果来看，人在无聊时更容易对陌生人递给自己的陌生资料感兴趣。上班族何时最无聊？一是等车时。公共汽车迟迟未来，乘客在站台百无聊赖地等待，这个时候，可以将你的传单递上，此时客户的有效阅读率会大大提高。二是等餐时。一般在商务区或办公区会有大小饭馆，饭馆一天中的营业高峰期集中在午餐与晚餐时。此时，将你的传单派发给正无聊等餐的食客，多数情况会有意想不到的效果。

第二，派单需要考虑地点和环境。

派单时间应选择顾客无聊时，派单地点也理所当然地会出现在他们的被动接受地，譬如车站、饭馆、奶茶店、影院这些驻停区。在驻停区，顾客一般没什么事可做，只能排队等待，等待就会产生无聊情绪，而宣传单的阅读会让时间过得更快，从而缓解无聊情绪。之后你再去讲产品，顾客便更容易仔细去听、仔细去看，这样成功率往往会比走动区域更高。另外值得一提的是，所处环境对于派单来说也很重要。若遇客户结伴而行，那么此时发单最好也有两人，因为你在给其中一人派单或讲解时，结伴而行的人可能会因无聊拽他而去，但如果你与同事结伴，一对一派发和讲解，这样会大大提高派单的效率，所以派单最好避开一人对多人。

第三，真诚的开场。

派单开场忌套路，最常见的套路是假热情。"您好""您先看看"……大街上因为客户不予理会由笑脸相迎转而对其冷嘲热讽的派发员比比皆是。确有见过在客户摆手拒绝后，在背后以一句"傻帽"回应客户的派单人员。人若顺你，便点头哈腰、笑脸相迎；人若拒你，便态度冷漠、背后吐槽，这是假热情。换作是你，一腔热血去派单，眼见客户欣然接过你的传单，却又扭头随手扔进垃圾桶，想一想，你会怎么做？

第四，抓住微信添加主动权。

当客户攥着你的传单，似乎对宣传单上的内容产生了兴趣，此时如果想顺利完成派单转换率，就必须加微信。可即便到了加微信这一步，很多客户依然充满不确定性，他们嘴上同意添加微信，手却迟迟不通过验证。

这时该怎么办？有个问题不得不重视，那就是传单派完与客户互加微信时，到底是让对方来扫你，还是你来扫客户？有人说出于尊重，当然是我们主动扫客户最好，然后他再通过好友验证，多方便啊。其实不对，正确的做法是尽量让客户来扫我们。

这是为什么呢？有两方面的原因。

第一，对方扫你只需要操作一步，扫完你的二维码，他等着你验证通过就好。但如果你扫客户，他要先出示二维码，待你扫完他还需要验证，需要操作两步。所以，客户扫你，才是把方便留给了客户。

第二，如果你扫客户，还得等待他的验证，如果他忘记或者没有通过怎么办？你再去确认一遍？那将非常麻烦，并且很尴尬。

所以微信互加谁扫谁？一定是客户来扫你，这样你就掌握了添加主动权。

派发传单的方法可能比较笨，却是最为直接的手段。选对时间和地点，保持微笑、抓住目光，牢牢掌控微信添加主动权，这些便是派发传单开场的技巧。

导语：完美开场之后，只代表你初步获得了了解客户需求的机会，但你可能不知道的是，你自以为判断准确的需求，很有可能是客户的"伪需求"。记住，想要获悉客户的真实需求，首先需要你对客户进行科学全面的考察，在此基础上甄别出意向客户，尽量避免无效谈单；在甄别出意向客户之后，又需要你通过价值、场景，甚至心理分析等一系列行动争取下一步谈单，最终锁定那些真正有需求的目标客户。本章将详细讨论"需求"之道。

3.1 谈单先验基本功

某位销售新人，曾经兴致勃勃找我讨要逼单技巧，坦言自己谈单过程非常努力，但一遇到跟进、逼单，就会被客户晾在一边或拉黑，于是勤勤恳恳学了一套课程去逼单，但是依旧成交艰难，便再次找我寻求解决方法。细细听过他的谈单录音后发现，这位新人的谈单热情可嘉，但他在跟单逼单前，很多基本步骤都忽略了，譬如客户的真实需求是什么他不知道，客户对产品是否了解透彻他不知道，甚至自己是否被客户喜爱或信任他也不知道。我告诉他："意向客户不理你，这未必是跟进或逼单的问题，不妨看看谈单前期的基本功，或许问题就出在基本功上。"

我想这大概是很多销售新人都存在的一个误区：跟进客户艰难，便想当然地将问题归咎于逼单不顺畅，却不知早在前期谈单时便出了问题——产品展现不好，客户需求不明，谈单火候未到。谈单基础环节没做好，逼单只会适得其反。

1. 谈单基础之一：忌作产品说明书

产品介绍是销售人员谈单前的必修课。客户对产品的认识、了解、感兴趣的程度，都取决于销售人员的产品介绍水平。从某种程度上讲，介绍方式直接决定了订单能否成功。尽管如此，很多销售仍在反复犯着同一个错误：介绍产品像在背诵说明书。

新房入住，计划添置一台液晶电视。刚进入电器门店还未站定，导购便热情相迎，从产品特点、功能，到屏幕进口公司发展史，产品的"前世今生"被娓娓道来，但最后，你却只记住了那个告诉你该款产品"画面清晰、价格实惠"的导购员。这是为什么呢？因为作为客户，其实你需要的是将液晶电视功能及特色简化的导购，而不是生硬的说明书。

天气转凉，你想买件薄厚适中的衣服，走进服装店，眼神还未落定，导购便热情迎来，将一款羊毛衫推送到你眼前，细细为你讲解着羊毛材料的相关内容，从绵羊的血统到产品纤维比例和阻燃性，系统全面，研究深入。但最后你可能会选择那个告诉你"全羊毛舒适保暖"的导购员推荐的产品，因为你只是需要一件保暖的衣服，而不太关心产品原材料产自何处。客户最后选择的，永远是那个懂得自己需求的销售员。

销售人员在具体的场景下要讲让客户能够真正感受到产品价值的话，这些话也是客户能听懂或真正想听的话。试问有多少想买电视的客户听得懂液晶模块，有多少买羊毛衫的客户知道美丽的羊毛来自哪个地方？所以销售人员在介绍产品时，应该懂得将自己的专业知识揉碎，消化，然后用通俗的话语传递给客户。要知道，很少有客户想了解产品的"前世今生"，他们在乎的只是你用最真诚的话语传递出的最实在的价值。

对于有一定专业基础的客户，销售人员可以从产品性能、参数方面去推广介绍，这样既体现了销售员的专业水准，又能令客户买到满意的产品。但对于多数不具备专业知识的普通客户来说，销售人员能为他们传递通俗易懂的价值，这才是真本事。

2. 谈单基础之二：摆正姿态助成交

为何总有客户嘴上挂着这样的话语："不喜欢推销员。"是销售行业本身自带不让人喜欢的属性吗？不。行业本身无好坏，只是你作为销售人员的某些姿态不正确。

为何总有销售嘴上挂着这样的话语："我已使出浑身解数，客户为何还是不找我买单？"你的热情客户感受不到吗？当然不是。所有热情客户都看得见，只是你作为销售人员的某些姿态让客户感觉不舒服。其实多数时候，某单之所以未能顺利签下，并非你的能力有问题，而是因为心态导致的姿态不正让客户感觉不舒服了，感觉不对，当然不会顺利签单。

客户看上某款产品，只是稍稍表现出好感，你便"使劲"推介，为了签下订单"逼着"客户去付款，自始至终只把客户当成"待宰的羔羊"，最终遭到了客户的强烈反感。客户一直赞同你司的服务理念，只是稍稍提出异议你便闪烁其词，显得很心虚，既没有对产品不卑不亢的专业底气，也没有能够清晰说服客户的职业霸气，最后落得客户只觉得你在忽悠他。

平时社交你对周围哪类人群最信任？当然是熟人或朋友，交情越深信任感越强。销售谈单过程，不妨试着成为客户贴心的朋友，多多沟通与了解，因为你销售的不仅仅是单一的产品，更是产品的附加值、公司文化以及自己的个人魅力，而顺利的成交往往基于朋友般真挚的情感和信任关系。

平时购物或者做抉择，你又对哪类人最信任？当然是某个领域的专家或老师。销售谈单过程中，可以试着去做客户的老师，给出权威的产品解决和决策建议。客户对品牌和品质表现得越来越重视，从产品功能到背后的原理及工艺流程，只有专业建议才值得他参考。当你展现出的专业度让客户内心认定你是某个领域的专家，任何问题都可以找你解决时，他定会觉得自己即将买的产品很靠谱。

"销售"的内核从来都是为有需求的人提供特定价值，而不是简单的非买即卖的交易。畅销书作者孜孜不倦地向读者推荐自己的新书，电影演员极尽所能地为观众呈现他们喜爱的角色，从某种角度来说，各行各业人人皆销售，或说人人都在以各自的优势、各自的方式与不同"客户"打交道，不论"销售"何物，姿态对了，你就对了。

3. 谈单基础之三：善用闭环思维

很多销售在面对客户提问时都对答如流，很顺畅，但当客户什么都不问时，他便没话说了。

显然，这类销售他们在谈单时不善于利用闭环思维。你在主动问客户时挖出的需求也许并不是产品服务链条里的相关环节，但如果在谈单时用上闭环思维，那么服务链条中的任一环节都可能成为客户需求的重要衔接点。

—— **场景**

早年做 SaaS 时，我的员工去推荐一款针对美容院的互联网产品。当他信心满满地登门拜访时，还未开口讲话，美容院负责人便冷冷地说了一句："你别问我，你直接说吧。"

这句话像一盆冷水自他头上泼下，完全没有料到专业态度换来的竟是客户如此强势冷漠的态度，但好在他提前做了准备。

"好，我们现在推出的主要有拓客、服务、回访、员工管理一系列专业板块。功能也比较齐全，您需要了解哪个板块的功能？"

"都需要了解，你看着介绍吧。"

"好的，那先讲讲会员管理板块。针对这个板块，我们专门设定了一个会员生日提示功能，当您的会员在过生日或过一些纪念日的时候，系统会给予提示，这一功能其实可以帮助我们做客情维护，当我们把客情维护做好时，转介绍的发生概率就会大大提升，针对这一点，转介绍的管理功能我们也做了相应的配备……"

当销售员将各个功能一一呈现后，客户开始有了兴趣，便指定某一板块咨询，但不管客户挑到哪个板块，销售人员总能将这几个板块的功能很好地连接起来。这是因为这些板块前后间其实是相互联系的，并且最终形成了一个闭环：拓客之后是服务，服务之后是回访，回访之后再到店，再次到店会产生客情，产生客情就有转介绍，转介绍后再拓客，再服务……

世间客户千万种，态度热情的不常有，遇到态度冷漠的客户，用闭环思维谈单是个不错的选择。在利用闭环思维时，销售员一定要明白自己所推介的产品各项服务功能并不是独立存在的，而是相互联系的一个闭环。不论客户问及哪个板块或哪项功能，都要能够精准地将此功能与其他相关功能联系起来，这样客户才会更加充分、完整地看到产品的价值。

3.2　需求定方向

3.2.1　判断需求很重要

1."望闻问切"探需求

病人去医院挂号就诊，医生不会直白告知："我擅长治疗某某病，我来给你推荐某某药。"而是通过"望闻问切"了解病人症结，在此基础上对症下药给出治疗方案。销售与行医拥有共性，对"症"下药才能出奇效，而这"症"就是客户的需求，销售人员只有通过"望闻问切"精准探到客户"痛处"，才能给出合适的解决方案与产品。

家居广场买床垫，假如售货员问："您要什么样的床垫？乳胶材质的还是弹簧材质的？"这是销售探寻需求的过程，或者称为浅层次探寻。假如销售员问："您买床垫给谁用？您自己，还是老人和儿童？用这款床垫的人，有没有腰椎或颈椎问题？"这也是销售探寻需求的过程，但可称为"望闻问切"深层次探寻。

客户进店买衣服，你凭借自己的主观判断向对方推荐："这是我们的新款，干练简约而且性价比超高，很适合您。"这是在盲目探寻需求，客户极有可能扭头就走。你若问："您需要什么场合穿的裤子？办公、居家，还是运动？"这是在正确探寻客户的需求，客户极有可能听你推荐合适的产品。

客户需求有深浅，但不论如何，"望闻问切"的根本不是探寻客户需要买什么，而是探寻清楚他要买来做什么。

2. 四个需求阶段别混淆

"认为客户有需求，继而盲目去逼单"已经成为销售人员的通病，这类销售人员往往并不了解客户真正的需求，或者说他们根本不清楚客户到底处于哪一个需求阶段。在销售过程中，首先你需要了解客户的四个需求阶段：隐性需求阶段、缓性需求阶段、显性需求阶段和燃眉之急需求阶段。

（1）隐性需求阶段——这个阶段的客户实际有需求，但他浑然不知。

═══ 场景 ═══

7年前，我在一家互联网公司做销售，主推一款专门针对店铺数据管理的互联网工具。入职初期，在谈单过程中吃了不少"闭门羹"，之所以这样主要是因为当时很多客户并不知道这款互联网工具的存在，更别谈认可产品了。果然，我还未开始介绍产品，客户就已经打算将我请出门外。

后来只好改变谈单方式，在拨通客户电话后，开门见山："我是专门为连锁品牌美容院解决大数据丢失问题的专员，目前已经为多家美容院解决了数据丢失问题。"

客户愣了会儿问："什么数据？"

"总业绩、耗卡、客次、顾客档案数据等所有大数据……"我说，并补充："损坏的物品可以修复，但是这些重要数据一旦损坏或者丢失，对于你们连锁美容机构来讲，损失是不言而喻的。"

"是啊，我现在的收银系统老出问题，新员工又经常混淆会员资料，忘了备份就容易丢资料，但是在忙的时候又根本顾不上实时备份。"

"是的，数据漏洞和丢失确实是很多收银系统的缺陷，我们公司就是专门解决这些问题的，而且不需要你们手动备份……"

"你的意思是如果用了你们的软件，不仅不会丢数据，而且不需要人工备份？"

"当然，这些交给我们来处理就好。"

不断的提问引导让接下来的谈单顺利了许多。客户从我的提问中，意识到自己的后台系统确实存在急需解决的问题，并且在得知我的产品能解决他的问题后，便请我见面详聊，"今天你不说我还真不知道有你们这种后台软件，我想了解下你们的具体合作内容和模式。"

每样产品都有特定的场景及价值。当客户实际需要某产品，但又不知道这种产品的存在，甚至并不知道现有问题可以解决、需要解决时，销售人员可以从客户常见问题的场景展开描述，继而给出具体问题的分析，让客户意识到实际问题的存在；当客户在你的引导下也发现了自己存在的问题（也就是自己的隐性需求）后，销售可以顺势提出解决方法，让客户了解自己现有的问题该怎样去解决。"多家分店"是场景，"数据丢失"是痛点，"我们能解决问题"是价值。对待隐性需求客户，最好的方法是用场景激发痛点，再传递价值，顺理成章，让客户从没有需求变成有需求。在此阶段，销售人员不能盲目介绍产品，而需要通过场景激发痛点传递价值，先让客户感受到需求，然后再往下谈。

（2）缓性需求阶段——该阶段客户买不买都可以，但更偏向不买。

很多人都爱上网买东西，试着点开你的淘宝购物车，是否发现不知不觉收藏了很多件商品？但你为什么没有买下来？因为这些物品只是让你感兴趣，但并不代表你需要，目前你买不买都可以，但更偏向于不买，常常是缓冲期一过，多半人便对它们失去了购买欲望，基本不会再买单。感兴趣，但不一定会买，这样的客户便处于缓性需求阶段，此时任由谁逼单大概客户都不会买。但在实际销售中，认为"客户感兴趣，就应该来买单"的销售人员不在少数，他们甚至会认为客户有兴趣却不买单是逼单环节出了问题。大错特错，此时销售人员一定不要去逼单，正确的做法是想办法让客户的兴趣变成需求，可以强调目前买的必要性，甚至用点恐慌策略或是优惠福利去谈单，但是千万别逼单，一旦逼到客户有压力，他会对你更反感。

（3）显性需求阶段——客户确实有需要，但不着急买。

你陪闺蜜去美容院，为她晒伤的皮肤做修复。你见闺蜜在做了一套水光护理后皮肤吹弹可破，十分心动，决定下次自己若遇到皮肤晒伤的情况也来做这样的修复，绝不像以前那样敷敷面膜就了事。但热情而专业的美容师告诉你，再好的皮肤基因在每次暴晒之后都是需要及时护理的，若不及时修复，拖的时间越久，修复效果就越差，而且随着年龄的增长，之前许多隐藏的晒斑也会逐渐显现出来，直到做任何护理效果都微乎其微，所以皮肤修复要尽早。于是你左思右想后，也做了个晒后修复。

上面场景中，你处于典型的显性需求阶段，皮肤确实需要护理，但你不着急护理。这时美容师只需巧妙用现在护理的"好处"和以后再护理的"坏处"对比，爱美的你便会急着解决自己的皮肤问题，这一"恐慌策略"对于一开始并不急着买单的你很奏效。实际上，谈单过程中的逼单环节也应该恰逢其时地发生在显性需求阶段。当你明确客户需要，但客户并不急于此刻成交时，可以列举现在成交与以后再成交的好坏对比去逼单，这样成交的可能性会大大提高。很多销售人员都错将逼单方法用在了隐性和缓性需求阶段，这是谈单最大的忌讳。

第3章　客户需求源于场景

（4）燃眉之急需求阶段——客户需要，现在要买。

某人急需一辆代步车，经朋友介绍来到汽车专卖店，将自己想要购置的那辆车告知汽车销售员，谈妥交接之后爽快刷了卡；某人行了很长的路，饥肠辘辘钻进一家餐馆，尚未认真看清菜单便点了几道下饭菜，大快朵颐之后便拍拍肚子扫码付款去了；某人嘴角衔着香烟钻进便利店，随手捡起一只打火机后付了钱，推门出来点上了嘴角的香烟。这些情景中的客户便属于典型的处于燃眉之急需求阶段的客户，当客户处于这种需求阶段时，多数时候他们不会花费太长时间去思考，因为需求急切，所以买单就好。

综上所述，只有探明客户需求到底处于哪一阶段及这一阶段的具体"症状"，给到需求价值，才能解决客户问题，也才能更加顺利地谈单。

隐性需求阶段要通过场景、痛点和价值激发客户的需求；

缓性需求阶段要让客户知道这个需求是必然的；

显性需求阶段要让客户感觉需要且现在就要；

对于燃眉之急的客户，通常只需稍做引导，甚至不引导便可成交。

切记，不明需求盲目逼单等于逼客户；分清客户需求阶段，有的放矢才能成单。

3.2.2　搞定需求三技巧

1. 激发客户需求有技巧

在销售中，销售人员切记不要向客户强硬介绍产品多好、性价比多高，而应该尽量让客户联想到使用该款产品后的场景和益处，以及不用该款产品的损失和遗憾。

你在商城看见一款足浴盆，只要你多看两眼，并表现出了兴趣，好的销售人员便懂得怎样激发你的需求。

"老人的足部保养对身体至关重要，由于疏于陪伴，也许你根本不知道在北方冬天供暖之前，父母的双脚有多凉。"

懂得描绘场景，或许只是打出一张只有一句话的感情牌，通过这张感情牌，销售员既描绘了场景，又说出了购买产品的好处以及不买可能会带来的不利影响，此时，你的需求立马被激发了出来。我想这时你也会很愿意买单。

2. 探寻客户需求有技巧

（1）善用指定性开放问题提问。指定性开放问题通常更能准确探寻客户的需求。何谓指定性开放？指销售人员的提问既不能太封闭，也不可太开放，在提问时一定要注意度的把握。具体来讲，问题得让客户既有回答方向，又能缩短与销售人员之间的心理距离，继而销售人员能从客户的话语中提炼出真实问题，乃至发现其潜在需求。

早教中心人员问："您想提升孩子哪方面的能力？"你不知从

何说起，因为正是不懂早教才会带着孩子来咨询。如果早教中心人员换个角度问："您想提升孩子哪方面的能力？性格、体质、思维，还是情绪管理？"相信你很快便能回答，而且会认为他的提问更专业。后者用的提问方式便是指定性开放提问。

（2）善于变换提问角度。或许只是提问角度做一点改变，便可在客户不断的认同和回答中轻松将其引入销售人员预设的目的地，从而给出满足客户需求的产品与方案。

3. 协助客户选择有技巧

当你在谈单过程中遇到既不知产品详情，也不会提问的高冷客户怎么办？什么都不问的人要么全知全会，要么一无所知，这时你要学会带他做选择。

气温骤降，某人走进服装店想添置一件新衣服。导购问："女士，您想要买哪种款式的衣服呢？"假如客户回答只是想买衣服，款式自己也没有想好。导购不妨问："平时您比较喜欢什么颜色和款式？"如果顾客回答都行或者没要求，那就试着问问"平时不喜欢什么款式或者颜色"，此时客户一定能列举两三种无法接受的颜色和风格，直至最后买到满意的衣服。

在销售中，销售人员要懂得用排除法。在客户摇摆不定或无法抉择的情况下，可以试着带客户做排除，他也许并不确定自己想要什么，但一定清楚自己不想要什么，引导客户排除不要、不喜欢的，协助客户筛选好的、合适的，迎合个体期望，这样才能事半功倍。

3.2.3　需要需求有区别，痛点痒点要分清

有些客户明明需要某样产品，却迟迟不肯买单，销售人员便归咎于"客户很难搞定"。需要，确实是构成销售的重要因素，但客户需要就会买单吗？不一定，需求才会让客户买单。

=== **场景** ===

早些年，国外某知名电气公司想利用一款性能很好的面包机进军国内市场，但这款性能很好、价格合理的面包机被正式推入中国市场后却销量惨淡。是国内人们用不上面包机吗？不是。是国内人们不吃面包吗？也不是。一方水土养育一方人，销量之所以惨淡其实是因为中国人和西方人的饮食习惯不同，中国人虽然也会吃面包，也懂操作面包机，甚至会给家里买一台，但他们平时做饭第一时间想到的不是面包，而是米饭。

于是该公司改变策略，引进了新产品——电饭煲，有了电饭煲，只要插上电，生米很快成熟饭，操作简单且效率很高。很快，这批电饭煲被抢购一空，该品牌也因此顺利进驻中国市场。

案例给我们什么启示？那就是，当客户可能需要某样产品的时候他们不一定会买单，只有当产品的具体价值真正给客户带来购买欲望时，才是客户买单的时候。

有些销售常常因为找到客户痛点而沾沾自喜，成绩不该止步于此，想要业绩更上一层楼，必须精准找到客户痒点。从某种程度来

说，痛点只是生理需求，而痒点是心理需求，要明确两者间的递进关系，只有当生理需求提升至心理需求时，才是开发大单的时候。

比如，入职伊始，你需要一个日常通勤背包，一款质量和款式都不错的背包只需几百块，但你却买了价值一万元的名牌包；楼下的实惠套餐，菜品丰富且新鲜，只需十几元，但你却带着客户在高档餐厅花了两千元吃西餐；入冬想购置一套暖和一些的衣服，批发市场的衣服物美价廉很保暖，但你却买了高端商场的冬季限量版服装……有没有想过为什么？通勤背包是为了收纳物品，这是痛点，但你买了名牌包包，这是痒点；楼下吃个饱饱的工作餐是痛点，而请客户吃高端的西餐，这是痒点；天气转凉买件保暖的衣服是痛点，而高端大气的限量版服装是痒点。

痛点是客户愿意付出时间与金钱急需解决的问题，而痒点是客户在解决问题基础上带给自身的满足感。所以要想让产品卖出去，最好找到痛点，但想要产品卖出不错的价格，唯有将客户的痛点"催化"成痒点。至于怎么去"催化"，是我们后面将要讨论的内容。

❧ 3.3 你给场景我买单 ❧

3.3.1 "买不买"取决于"想不想"

1. 客户是被自己说服的

听过一则关于艾默生的轶事。

一天，艾默生的儿子想将小牛赶进牛棚，可是任凭父子俩如何推拉拽蹬，小牛死也不肯向前迈进一步。家仆见状，取来一把青草，放到小牛面前晃了晃，一步一步将小牛引进了牛棚。家仆不会著书立说，但这次比艾默生聪明，知道用鲜草打动小牛，而艾默生却犯了一个错，他一心只想让小牛进棚，却不知给予小牛期望的"好处"，所以任由他怎么推拉赶牛进棚，都无济于事。

这个故事能否给你启示？

在你开口找人做事之前，最好问一问自己："我该给予他什么'好处'他才会心甘情愿去做呢？"同理，作为销售的你，在向客户开口推销产品之前，最好问一问自己："我该给予客户什么'好处'客户才会心甘情愿地买这件产品呢？"

客户之所以会选择购买某件商品，本质是希望能够解决他的问题或给他带来好处，所以销售人员在向客户介绍产品的过程中，要立足于客户，强调产品给他带来的好处，而不是把着眼点放在自己的产品上。

至于这种好处，可以是物质上的，比如：

"叶总，我刚粗略算了下，这款机器如果能在下个月正式投入使用，那么能为贵公司节省百分之三十的制造成本，这意味着能省下六百多万元呢。"

可以是身体上的，比如：

"您如果现在加入我们的减脂计划，那么四周左右您大概可以瘦 5 千克，这不仅能让您的身体达到一个健康的状态，而且您对服装的选择也会更多，很多小姐姐一旦瘦下来，整个人的状态和气质都明显改变了。"

更可以是精神上的，比如：

"您如果选择在我们培训班进行英文学习，那么一年左右您便能达到出国流利沟通的水平，可以在当地正常生活，两年左右您基本能够看懂外文书籍。如果您愿意在业余投入 2—3 年的时间，定会看到一个全新的自己。"

相信这一番阐述下来，工厂老板很可能想马上订一批能减少成本的生产机器；求美小姐姐很可能想马上办一张能让自己更加美丽健康的健身卡；想提升自我的人很可能想马上加入这个英文培训班。

结合产品，假如你所阐述的某一画面激发了客户的欲望，那么你们合作的机会将大大增加。

客户是被你说服的吗？不，客户是被自己说服的。人人都想变得更好，当客户自己有变好的欲望，并憧憬美好的未来时，这种情况可能比你自己去销售要强一百倍。

如果客户明知产品很好，但不肯憧憬呢？

保温杯这个产品几乎人人皆知，功能明显，价格合理，男女老少都适宜，市场上的"保温"广告也是层出不穷，但生活中依旧有很多人不用保温杯。既然是个好产品，那怎样才能让更多人用上它呢?

作为一名保温杯销售员，你已极尽所能解释了产品的功能与设计理念，价格方面更是给客户一折再折，最后换得客户一句："我现在不需要。"别气馁，走出误区。

这个时候其实不该再去强调产品显而易见的功能，而应该一一列举使用该产品的"好处"，这里的"好处"不是指产品本身的好处，而是产品给客户带来的特定好处。如果是男性客户，你可说喝热水有助于肠道消化，加快代谢，减少脂肪囤积；如果是女性客户，你可以说多喝热水不仅能够加速皮肤代谢，清洁毛孔，使皮肤光滑，而且生理期喝热水还能缓解痛经。

如果"好处"不够，那就聊聊喝凉水的"坏处"。比如喝凉水可能会导致胃不舒服，女性喝凉水可能会导致痛经等。

如果客户是一名想要自己身材更好、皮肤更好、身体状况更好的人，就一定会这样想："怎样才能随时随地喝上热水呢? 好像只需要一个保温杯啊，那不就在眼前吗? "

2. 前后置换，假设成交

事情发展一般有先后，把后面发生的事情前置，很多时候能够成为加分项。比如还未开锅便感受到香味扑鼻，还未隆冬便已感受到温暖，尚未入夜便已预测次日光明。若销售人员让客户提前感受到了产品的价值或想象到了使用产品时的美好感觉和画面，那是否更能促成交易呢?

如何快速让更多客户感受到产品给自己带来的"好处"呢?

阐述"好处"还有一个狠招，叫作"假设成交法"，这种方法需要你用想象力让客户提前感受到成交后的美好场景。

这种方法是指销售人员在假定客户已经接受销售建议，同意购买但尚未成交的基础上，不断描绘成交之后的美好场景，及时给予客户心理暗示，使其购买兴致浓稠，并最终决定购买的一种销售手段。"假设成交法"通常能把顾客的成交信号直接转换为成交行动，进而促成交易的最终实现。该方法可大大缩短我们的销售时间，提高成交效率。

销售人员可在合适的环境下不断去假设成交以促成客户买单。很多销售人员之所以在假设成交过程中没有实质效果，是因为他们在运用这种方法时没有针对性，很多时候只是盲目闲聊。事实上，此时销售人员应该根据对方的情绪变化不断设计问题，慢慢让客户对你的产品产生憧憬。

=== **场景** ===

上次在美兰机场候机时随意走进一家男装店，当时只想随便看看。导购见我眼光落定在一件米色衬衫上，便迎上来与我打招呼。

"这件衬衣在剪裁方面与您身上的这款很相似，不同之处在于领口袖口的设计，这也是它的精髓所在。我看您的身高，平时您应该是穿 L 或者 L＋码吧？我现在给您取来试试。"

"平时穿 L 码袖口会短。"我说。导购快速取来衬衣，又说："颜色与您所穿的衬衫一样都是暖色系，暖色系给人温暖敦厚的感觉，很衬您的气质，但看您的着装风格，您应该是企业高管或者职业经理人吧？"

"我是一名培训讲师。"我又说。这时我已换上了大一码的衬衣。

"跟您的外套很衬，您下次演讲的时候可以穿这件，我给您配个宝蓝色袖扣，细节中见优雅。要是讲完课与家人朋友有约的话，也不用特意再换衬衣，脱下外套取下袖扣即可，或者随便搭配一件针织背心，也会显得很随和，主要真的可以省去不少搭配时间。我自己其实也是一个很嫌麻烦的人。"

被她三言两语一说，当时脑海便一直想象自己在讲课和聚会时穿着这件衬衣的良好效果。那天，我快速买下了那件衬衣。

客户真正在乎的是产品给自己带来的便利或好处，而非产品本身，所以从根本上讲，说服我买那件衬衣的并不是导购，而是我本身觉得这件衬衣适合自己。假设成交法不是技巧，而是客户自己的一种意愿。作为一名销售，我们要站在客户角度去想象他的需求，以及他可能会遇到的场景或问题，在此基础上结合产品为客户提前构想一些使用产品后的美好画面，这样才会真正感染客户。

假设成交法虽然会将谈单带入实质性阶段，随着销售人员逐步深入的提问，顾客的思维效率会大大提高，从而加快签单，但它也有一个缺点：可能会产生过高的压力，进而破坏成交气氛。所以在使用假设成交法之前，请一定记住：尽量使用自然、温和的语言，创造相对轻松的销售氛围。另外还需要注意的是，必须捕捉成交信号，确信顾客有购买意向时才能使用这种方法。因为任何时候，客户"买不买"都取决于他"想不想"，而最终说服客户的，永远是客户自己。

3.3.2 为场景买单

为什么有人会在刷短视频时买东西？

━━ **场景** ━━━━━━━━━━━━━━━━━━━━━━━━━━━━━

夏日的某一天，我无聊地刷着短视频，刷到某个卖家正在演示一款挂脖小风扇，觉得挺有意思便看了会儿，"便携、操作方便，而且风很大；解放双手还时尚。"卖家一边演示一边解说功能。当我准备滑到下一个视频时，卖家一句话让我产生了购买这款风扇的想法：

"当你夏季在户外运动、登山徒步时，这款风扇随时随地都能为你带来清凉的风。"

我一琢磨，觉得适合自己钓鱼用，便火速去官网看了看买家的反馈和评论，当即拍下了这款产品。

━━━━━━━━━━━━━━━━━━━━━━━━━━━━━━━━━━━━━━

以上属于典型的场景式消费。聪明的卖家在介绍产品时用了一个万能的 FABE 公式，F 是产品特征：可以随身带；A 是产品优势：风扇轻便；B 指产品优势给客户带来的好处：解放双手；E 是场景：可在登山徒步或者行路时随时随地感受清凉风。如果说前三个特征让顾客尚处于犹豫阶段的话，那么最后一个场景瞬间便拓宽了人的想象空间，让客户立马与自己的生活场景联系了起来。

你为什么会在机场买下原本并不需要的东西？

航班晚点，你百无聊赖地在机场商店随意逛着，原本只想打发候机时间，见某品牌橱窗内模特颈上搭的一条围巾很好看，思来想去好像自己也有类似的大衣，刚好模特的这种展示也很适合自己的穿搭风格，于是买下了模特颈上的同款围巾。

这也属于典型的场景式消费。场景真正激发了消费欲望，你见模特搭配这条围巾很好看，联想自己又刚好有类似服装可搭配，便买下了这条围巾。与其说客户为这款产品买了单，不如说是为当下呈现的场景买了单。

何谓场景式消费？

想买件大衣，特意进服装店挑选，这是传统式消费；你不想买口红，却因为短视频里模特展示的效果不错而买下一套口红，这是场景式消费；你出差前去商店买了个颈枕预备乘机用，这是传统式消费；你不打算买围巾，却因为候机闲逛时，觉得橱窗模特的同款围巾应该也适合自己，便买下，这是场景式消费。

场景式消费重在使用场景激发客户的消费欲望，它比传统消费更注重场景塑造，与其说客户是为产品买单，不如说是为当下呈现的场景买单。当你为客户塑造出某一特定的使用情景，引导客户将自己定位到使用情境中，并让他成功想象到自己使用产品时的理想效果时，才算成功为商品塑造了场景。

3.3.3　场景赋予产品灵魂

需求决定市场，场景决定价值。应用场景变化，价格就会发生变化，所以要想产品能够卖出理想的价格，销售人员一定要学会为产品塑造一个好场景。

便利店的矿泉水一瓶售价 3 元，泰山顶上同样的一瓶水售价却是 10 元；一块石头躺在小溪里可能一文不值，但拿到古玩市场可能会卖到几十甚至几百元。泰山顶上的矿泉水为什么更贵，因为应用场景变了，街头到处都有便利店，泰山顶上却没有；为什么一块石头拿到古玩市场就有了价值，因为应用场景变了，一条小溪内到处是石头，但到了古玩市场它就成了拥有岁月肌理的文玩。

应用场景变化，价格就会发生变化，所以要想产品能够卖出理想的价格，销售人员一定要学会塑造一个好场景。

某工厂囤积一批次品茶叶罐，以 3 元钱一只的价格批发出去依旧被人挑挑拣拣，嫌弃货品不值这个价。该厂负责人灵机一动，将这批次品罐子包装成小宠物的骨灰盒，均价卖到 50 元一只，很快被各大宠物机构抢购一空。为什么场景稍加变化，价格和效果就大不相同，那是因为场景为商品注入了灵魂，由"次品茶叶罐"到"心爱宠物的归宿"，冷冰冰的容器变成了富有情感的承载物，"灵魂"才是客户认可商品的根本因素。有时商品值不值得不在价，而在产品的灵魂。

随着社会的高度发展，人们购买商品不再只为满足生活需要或功能，大家需要的是有人有物的场景式消费。很多客户之所以会为中意的产品买单并不单纯因为产品本身有多好，而是因为该款商品引申出的场景打动了客户。

3.4 销售也需要懂点心理学

3.4.1 禁果效应，让客户主动想买

文学家苏轼与弟弟苏辙幼时非常顽皮，为了引导兄弟俩读书，父母除喻之以理外，更兼施"魔法"：每当孩子们玩耍嬉戏的时候，父母就故意躲在角落里读书，孩子们一来，二人便故意把书藏起来，并假装不想让他们发现的样子。父母的神秘举动令兄弟二人好奇不已，他们猜想："父母藏起来不让我们看的书，一定是特别好玩的书。"因此愈发想一探究竟。于是，兄弟俩趁父母外出，总将父亲藏起来的书"偷"出来读，等父母回来，又悄悄放回原处。就这样，日复一日，读书竟成为苏轼和弟弟的主要乐趣，这也为兄弟二人日后的成就埋下了伏笔。

心理学中将类似的"愈禁愈为"现象称为"禁果效应"。该效应是指一些事物因为被禁止反而会更加吸引大众的眼球，使更多人参与或关注。这种现象实际与大众的好奇心和逆反心理有关。销售同理，"禁果效应"可算作饥饿营销的鼻祖：你越不想卖，客户越想买。

在日常销售中，深谙"禁果效应"的案例更是屡见不鲜。

某地产公司正发售一组高档楼盘。

满腔热情的新人在向客户推销自己手上最好的房源时，将该房的面积、格局、风水等一系列优势一一道来，且在客户看过样板间后，用了一些销售技巧。即便如此，意向十分强烈的客户最终还是没有买单。

而有经验的销售精英在客户询问高端房源时，却只说了这么一句话："这套房子我们暂时多少钱都不卖。"

"为什么不卖？"客户追问销售。

"这是我们的稀缺高端房源，只针对部分客人开售，有一定购买标准。"换言之，不是你想买我就卖给你。

"什么条件才具备购买资格？"客户听完原因，胃口已被吊足，心想：你不让我买，我偏要探一探究竟。

接下来地产销售面露难色将各种限购要求列出来，此时客户已经将重心转向"我要怎样才能得到这么一套千载难逢的好房子"上。

"房子我很满意，那麻烦你帮我看看，我要怎样才能拿下这套房？"

当销售说出"我的房子给钱也不卖"的时候，"禁果效应"便慢慢地发挥了作用。客户会认为，给钱也不卖，这个房子到底好在哪儿？紧接着一定会追问原因，而当地产销售将诸如"留给特别的客人""稀缺高端房源"等限购原因列出后，那些具备经济条件，又已被吊足胃口的客户再结合房子本身的优势，购买欲望会在此时加大：你不卖，我偏要买。当地产销售再稍稍面露难色，客户会更迫不及待想得到这套房源。看，这就是"禁果效应"。

事实上，"禁果效应"是一把双刃剑，对于销售人员着重介绍的产品，客户往往不是很感兴趣，而对于不着重介绍的产品则充满兴趣，这也是"禁果效应"产生的影响。客户往往认为你越不想卖的产品越是好产品，因此越想得到。所以在日常销售中，你不妨试着利用客户的这种心理去促成合作。

3.4.2　门面效应，让客户无法拒绝

生活中有没有过这样的经历？当别人一开始向你提出一个较高的要求时，你通常会拒绝；但是当对方被拒绝后，再次向你提出一个难度系数较低的要求时，你往往会选择答应。更有甚者，当你在需要找人借款一万元救急时，若开门见山提出求助金额很有可能被婉拒；但当你先向对方提出借用五万元被婉拒后，再提出借一万元也可以时，往往更容易获得资助。当然后者往往只是不得已而为之。

这种为了使他人更好地接受某个较低要求，提高他人对较低要求的接受性的方法，称作"留面子技术"，亦即心理学上的"门面效应"。门面效应的核心在于，当人们拒绝别人的某个要求后，会愿意做出一点让步，给别人留些面子，使之获得满足。

所谓"门面效应"，其实也是另外一种说服别人接受自己要求的方法。

人与人之间的交往是人的自我价值意识最为重要的来源。他人不愉快，很多时候也会影响自己的心情。因此，在人际交往中，人会自然地倾向于给交往双方都带来满足。这种方法正在逐渐影响我们的思维认知，"门面效应"除了运用在生活和人际交往中，同样广泛适用于销售活动。

场景

销售人员在大街上发卡、发传单，其实核心目的是掌握和积累客户更多的微信号。但在这个过程中，一旦我们开门见山向客户要联系方式或者要求添加微信，得到的结果多半是被婉拒。由"门面效应"我们可以总结出一个技巧，在遇到客户时千万不能直接说："我是某某机构的某某某，加个微信了解下？"而可以先对客户说："您能不能到我们机构参观一下呢？我们正值周年庆（大酬宾），邀请您免费参观，免费检测……"

此时客户多半会不乐意或者不耐烦，有的甚至会直接回绝，接下来我们可以在被拒绝的情况下降低要求问："那要不先加个微信也可以，您有需要再联系。"

这时，那些刚拒绝过我们的客户往往会同意加微信的请求。

电话销售也一样。我们在与客户电话沟通时，往往会先提出"来公司参观"或者"电话聊几分钟"的请求，此时客户一般会以"没时间""不方便"为由拒绝你的请求。这个时候，我们再降低要求提出"加个微信或留联系方式以方便后期再详聊"，客户一般都会欣然接受。

总之，如果你的最终目的是加微信，那么开门见山询问微信号，很难不被拒绝，但如果先提出一个较之更为麻烦或者更高的要求，在遭到拒绝后再降级提出"留个联系方式"，这样往往更容易被接受。当然，前提是对方为你的精准客户。

当客户拒绝你的"参观公司"邀请后，会更愿意同意你"加个微信"的请求；当客户拒绝"电话中再聊几分钟"的请求后，会更愿意接受你"留个联系方式下次再详聊"的提议。这也是"门面效应"销售法，而该效应正是利用了人们的补偿心理。因为人人都希望扮演慷慨大方的角色，而拒绝，一般会阻碍"慷慨大方角色"的完美设定，同时会让人产生负疚心理，所以人们在拒绝某人某事之后，通常希望再做一件小的、容易的事来平衡之前产生的内疚，使其能够继续扮演"慷慨大方的角色"。

3.4.3 近因效应，让客户欣然接受

假如某人昨天丢了 2000 块钱，今天朋友赠他一部手机作礼物，他的感受最终一定是快乐；假如某人昨天获赠一部新手机，今天不慎丢了 2000 块，他最终的感受一定是糟糕。前后两事结果一样，但给人带来的心理体验却大不相同。为什么？

心理学中将这种得失心理称作"近因效应"。何谓近因效应？

近因效应是指新出现的刺激物对印象形成的心理效果。新近获得的信息对个体的影响作用比以往获得的信息作用要大。一对友谊笃深的好友，因为最近发生的一个矛盾便将多年的友谊之船推翻，从此分道扬镳形同陌路，从"近因效应"的角度来分析，这与近期矛盾在记忆中深于往日友谊有关。

销售谈单同理，当你的产品贵但价值高时，若想客户完整地听完你的介绍，并有兴趣进入了解价值的环节，那么请用"近因效应"将产品贵的信息放在前面去介绍，再去告知客户，贵的理由是什么。请记住，当末尾信息超出原本的期待时，才是客户满意的时候。

假设你准备花 100 元购买某产品，如果销售人员告诉你这个产品原本售价 120 元，现在给你优惠 20 元，那么你会很开心；如果销售人员起初告诉你该产品售价 80 元，待到付款时却又说价格看错了，应该是 100 元，此时的你可能就不开心了。假设你预算 20 万元买辆车，销售人员将种种升级套装告知你后，接着告诉你手续全套下来超过 20 万元，对比预算你也许会失落；如果销售人员告诉你虽然这款车型售价和你的预算有偏差，但是全部配置升级到完美，此时你会觉得超值。

在推介产品时，销售人员应先讲出缺点，再描述产品的价值和优点，这是因为客户买单前瞬间，脑海中大概率呈现的是你最后一次传递的信息。

当产品并不完美时，很多销售人员会觉得产品的弱点是减分项，扭扭捏捏不肯讲。不，请坦言你的产品不完美，要知道世间没有十全十美的产品，销售过程中如果你能恰到好处地利用"近因效应"将产品的不足坦诚讲出，那么很多时候会让客户觉得眼前的销售专业而诚恳。为什么？因为所有消费者都清楚，世上每个产品都有不完美的地方，如果销售人员总想着拼命掩盖产品缺点，或是回避产品的不完美之处，一定会让客户觉得不踏实；反之，当销售人员能主动将产品缺点说出时，客户反而会觉得你很诚恳。事实上，对于产品本身的缺点不管你说不说，它都存在，而且很多时候客户也知道。

当互联网管理软件功能并不那么完美时，销售的你，不妨这样告诉客户：虽然我们的互联网管理软件使用起来并不容易，需要一定时间去摸索，但我们会有专员去你们店铺进行一对一培训，当全员熟练上手后，不仅店铺管理起来省事，而且大数据将不会再丢失。

当你的服饰面料并不那么完美时，销售的你，不妨这样告诉客户：虽然我们的衣服面料并不是纯棉的，但是比纯棉材质更吸汗、透气，便于清洗，而且质量一等一，是为热爱运动的人士量身定做的运动伴侣。

当你的酒不那么完美时，销售的你，不妨这样告诉客户：虽然这款酒算不上名贵醇美，但是无论什么体质的人，喝了都不会有宿醉的不适。

记住，近因效应的精髓在于，总将并不完美的"虽然"放在前，超出客户期待的"但是"置于后。让你的客户在那么一丁点的不完美中，既能共情又有安全感。至于共情与安全感之后的深度跟进或其他问题，将是我们下一章节探讨的内容。

第 4 章

成交绊脚石

导语：深谙"需求之道"并不代表你已占领谈单主动权的高地。俗话说"羊羔虽美，众口难调"，即便再物美价廉的商品、再细致周到的服务，都有可能遭到客户的异议，这些或基于心理、或关于价格、或来自竞品的异议如果处理不当，都会成为谈单路上的绊脚石。所谓"嫌货才是买货人"，当你弄清五花八门的异议来自哪里、如何解决时，这些障碍将会变成探察目标客户内心需求的路标。本章将详细探讨锁定需求后如何扫平异议及完美报价的相关问题。

4.1 性格决定异议点

谈单一蹴而就是少数，多数时候销售人员在谈单初期便会遭遇各种来自客户的异议，只有扫除这些异议才能继续往下谈。解决异议问题首先要分清人，俗语讲"爬山要懂山性，游泳要懂水性"，销售需要深谙"人"性，而这"人"性，就是指客户的性格。不同性格的客户，异议点不同，对应的解决方法也不同。

1. 沉默冷淡型客户，用数据激发探索欲

谈单初期常常遇到一言不发的客户，他们只听却不轻易开口，面对销售提问总是爱答不理，表现出对销售的极不信任。这类客户属于典型的冷淡型客户，他们往往思考力极强，做事周密谨慎，惯于陷入细节，不易受外界环境或者广告推广的影响。谈单过程中这类客户之所以对你爱答不理，很大程度上是因为你的话题和产品价值未触碰到他感兴趣的"点"。你在给冷淡型家长推荐钢琴培训课，如果你想通过师资力量与教学实力来说服他们，那么他们只会觉得你在试图通过吹嘘忽悠他买课；但如果你告诉他通过国际钢琴比赛调查得出的普遍学琴年龄，和怎样锻炼孩子的协调性，以此层层推进引导，多方分析举证，进而使他全面了解课程的价值，这样才更容易获得他们的青睐。

面对沉默冷淡型客户，少承诺、忌套数，直接跟他谈专业数据和理念，展示事实，一旦他的探索欲被你的话题激发，这类客户便会和你越聊越轻松。

2. 严肃强势型客户，以价值占领思维主动权

那些几乎不给销售人员开口机会的客户一定是强势型客户，相对他人的感受，他们更关心成交价值。一名高端会所的美发师在面对强势客户时，将最近主推的一款鱼子酱头皮护理效果讲得天花乱坠，但客户根本不予理会；但如果你很认真地说一句"您有早秃迹象，需要尽快开始头皮护理才能避免秃头"，那他一定会问："如何做头皮护理？"强势型客户只看重效率和结果，他们目标感极强，只有牵扯自身问题的方法或产品才是他们关注的。鱼子酱护理有多高端和他又有什么关系呢？在他看来，尽早防止脱发才是最重要的，所以推介的时候应该建议他尽早避免秃头，而不是直接推销产品。

严肃强势型客户，他们的自主性通常都很强，很少受他人影响。在销售过程中，销售人员需要一针见血指出他的要害，才能占领思维上的主动权，从而有机会将价值传递到位，进而让他愿意掏腰包。

3. 情绪冲动型客户，趁热打铁谈憧憬

那些情绪激昂、憧憬大于理智的客户，他们属于情绪型客户。他们不冷淡、不强势，比较乐观易冲动，相比怎样去做，他们更在乎效率和效果。面对想要减肥的情绪型客户，健身会所的教练如果在分析体脂数据的基础上给出塑形计划，那么只会让他觉得很枯燥，不如直接告知"现在办卡，半年之后衣服尺寸可以减一码"，因为这类人根本没有耐心听完你的专业分析，他们只想快速达到自己想要的瘦身效果。

面对情绪型客户，最好避免长篇大论谈专业，枯燥的专业知识只会让他们觉得无聊，想要传递价值，直接谈憧憬就好，并且对他们加以肯定与鼓励，彻底满足他们对结果的期待。在他们热情高涨的时候，趁热打铁努力成单，这是根本原则。

4. 优柔寡断型客户，加以肯定帮他做决定

那些买东西时总处于纠结状态的客户属于犹豫型客户，这类客户关键时刻总是犹豫不决，很难做出购买决定。当预算充足的优柔寡断型客户想买一款首饰作礼物，珍珠玛瑙试戴了都满意，价格款式也接受，但最终还是左右纠结迟迟不下单，最后扔下一句"我再问问我朋友"，此时你该怎么办？一定不能让她回去再考虑，此时的你要及时肯定客户自己的审美和判断，最关键的是帮着客户做决定，"您的眼光独到，看上的偏偏都是品牌限量款，明天一定会售罄。我相信以您的气质戴上我们的珠宝，一定会成为我们最好的广告。"你放心，这番话术一出口，她大概率能够决定买哪款，这是因为客户的需求是"礼物"，只是性格使然、惯性纠结而已，而销售人员只要对他们的选择加以肯定，便会在不知不觉中刺激他们做决定。

遇到犹豫型客户，销售人员在不断肯定他的同时要帮着他做决定，直截了当告诉他不买的损失，千万不能让他再去征求他人的意见，因为这一征求很可能就没有机会成交了。

各类性格并无好坏之分，只不过他们有着各自不同的惯性思维、行为方式乃至情绪反应。在与客户的接触中，销售人员需要通过细致观察对方的言行举止来分析判断客户的性格，针对不同类型

的客户采取不同的销售策略，这样才能更好地扫除异议并顺利进入谈单下一步，因为只有当你"投其所好"，客户才会"照单全收"。

✂ 4.2 他的疑问和你的障碍 ✃

摸透客户性格并不适合马上去报价，因为在谈单前期传递价值时，通常都会面临来自客户的各种问题，这些问题也是销售进一步传递价值的障碍。很正常，常言道，褒贬是买主，喝彩是闲人，嫌货才是买货人。有些销售人员对客户的异议往往抱有负面看法，甚至怀有挫折感与恐惧感，但有经验的销售人员却能从客户的异议中不断得到新信息，从而迅速调整谈单"战术"。

首先有个建议，在任何异议出现之前，不妨提前试着去猜下客户可能存在的问题，想想问题的解决办法，并将问题及解决办法用于实际谈单中。那些令顾客刮目相看的优秀销售人员，很多都懂得在客户提出异议前主动提出客户的异议，亦即"问题前置"。当一名优秀的销售人员在对行业、产品及顾客都有充分的了解时，他必定有能力在客户提问前就预知某些与产品、服务相关的问题，并且能在客户还未问出口时，便主动就这些可能存在的问题给出自己的解答。

当然，"前置"不可能扫除所有异议，所以下一步，我们再来看看报价之前的其他五种异议，并且在解决这些问题之前，首先还是要分析客户异议产生的原因，再去一一制定相应的解决方案。

4.2.1　客户要方案，但不一定真心买

遇到还未等你探寻需求、传递价值便索要方案的客户怎么办？不给，怕就此失去客户；给，又怕白给，最后为其他竞品作嫁衣。遇到这种情况时，需要先判断客户有没有购买的诚意，然后再决定给不给方案。

===== **场景** =====

广告公司专员正在与客户谈方案，话题绕来绕去，客户就是不提签合同的事，而且一直想方设法询问更多设计方案的构思，甚至想看看相关 Logo 的效果图。见客户摇摆不定，专员便告知客户："李总，贵司的策划方向我们已经很清楚，不是现在我不给您看效果图，是之前公司确实遇到过这种情况，我们把 PPT 给到客户后，客户转身找别家合作了。公司目前已经明确规定没签合同，销售人员不能擅自给客户发方案和设计稿，请您理解。"客户便马上表示理解，并且解释自己只是想要吃个定心丸。最终该客户与广告公司签订了合同。

决定合作前，客户想要多看看方案让自己多一份安心很正常。如果销售人员此时无法判断客户到底是真心想要合作还是想要盗取方案，那么只要如实告知对方不能给方案的真实原因就好。如果是真正有意向的客户，那么他们会表示理解，并且最终还是会成交；但如果是没有诚意的客户，比方那些只是随口问问或者根本没有打算去成交的客户，此时多半也会被过滤掉。

4.2.2 客户质疑你的公司、产品和服务

有时客户不经意的质疑常常会让销售人员无奈又恐惧。当客户毫不留情面地表示没听过你们公司，并且质疑你们的产品和服务时，怎么办？

"你们是新公司吧，我怎么没听过？你们的产品靠谱吗？听说你们的服务不行？"如遇这样的"灵魂"三问，你该怎么办？

如果傻傻立在原地解释"我们虽然是新公司，但我们的产品百分百靠谱""说我们服务不好，其实是因为树大招风，同行诋毁所致"……像这样解释肯定不行，因为这些千篇一律的回答会让客户觉得你心虚。

当客户说没听过你们公司时，你完全可以故作惊讶地反问："啊？我们公司您都没听过？"甚至可以有点凡尔赛地回答："我们和您的同行×× 都有过合作，而且已经取得了很好的效果，您是不是很少了解我们这个行业？"当你以这样一套话术说服对方时，客户便可能会觉得是自己孤陋寡闻了。

当顾客质疑你的产品质量和服务时，绝不能说"树大招风，同行诋毁"这些话，而首先应该判断客户的这种质疑是真的担心还是随口一提。假如是真的担心，你应该告诉他："您的担心我很能理解，您担心的问题我们已经在解决……"接下来再介绍一些目前产品质量和服务都已得到改善提高的案例。假如是随口提一下，也需要解决顾客的问题，打消顾客疑虑，坚定顾客信心，让顾客认为买我们的产品物超所值。这样一来，借着客户的质疑，你既介绍了自

己产品、服务的优势和特色，又让他感觉到自己将会收获价值。感同身受的态度常常会在不知不觉间淡化双方的冲突，在销售过程中，可以尝试着自然而然地将敏感话题转移到解决方案上，让客户感受到你能想他所想，虑他所虑，这时往往也是异议转为销售的大好时机。

无论客户有多么尖锐的质疑，当销售员说出"您的心情我能理解""您说得很有道理"这些话时，都会无形当中缓解客户的抵触心理和焦虑情绪，如果可以，你还可以以实际案例告知对方他所担心的问题目前正在解决中，并且解决效果也很明显，同时配以微笑点头的动作，努力从根本上解除客户的顾虑。

4.2.3 客户说先考虑下

考试的时候，相比简答题，多数人更爱做选择题，为什么？因为选择题有选项，更便于回答。销售同理，客户一样不喜欢做简答题，当客户表示自己还需要考虑时，有些销售便很容易走进以下两个提问误区：

（1）简答式提问："您还在考虑哪方面的问题？"

（2）封闭式提问："您还考虑合作吗？"

这两种提问方式无疑是在逼着客户做回答，前者会让客户"交白卷"；后者将直接导致客户不想再合作。

当面对需要考虑的客户时，正确的做法应该是将简答题换成选择题，将可能存在的问题列出，供客户选择是或者不是。比如：

"您考虑的是价格方面的问题还是产品质量方面的问题？"

"您是在担心我们的售后服务吗？"

当你尚未报价客户便说要考虑一下时，试着将所有的简答题换成选择题。客户之所以不知价格便要考虑下，可能是因为销售人员没有介绍清楚产品，可能是因为客户对介绍有所误解，可能是因为客户有难言之隐，也有可能是因为客户想以此为借口推脱你，不论哪种原因，此时销售人员都需要通过不断让客户做选择题的方式引导客户说出到底在哪方面还需要考虑，这个问题弄清楚后，才能进入谈单下一步。

4.2.4 当客户的朋友"唱反调"

销售人员往往最怕客户带着"参谋"挑错、抬杠，但有些顾客选品偏偏喜欢带着朋友来，他们中有的会给点专业建议，有的却会说服客户不要购买，但大多情况下朋友是来挑毛病的，而且朋友的建议在顾客心中一定很重要，此时销售人员千万不能和客户的朋友"唱反调"。

当朋友在场时，不论他发表任何看法，都不要气恼反驳，不仅要给予尊重肯定，更要让他对你提出的问题点头。比如"您说对吗？""您朋友很有气质，不是吗？""您觉得怎样最合适？"不断捧着客户的朋友来，一方面给予足够尊重，一方面让朋友下意识去肯定自己为朋友做的选择，直到最后，就算他想否定你，也无法否定自己，因为每一个主观的人，都希望用客观的方式来证明自己。不断让他去做决定，并且不断肯定他的决定，会让原本存在的阻碍因素慢慢变成谈单的"助推剂"。

4.2.5　当竞争对手和竞品出现

销售竞争中，微妙的同行竞争大战似乎从来没有缺席过，其中最常见的当属客户突然以竞争对手或者同行竞品来压制你，此时该如何应对？不必担心，当客户提到竞品时，多数情况下他只是想以此在心理上压制你，此时不妨冷静分析，客户在了解竞品之后来找你，意味着他对竞品一定有不满意的地方，这种"不满意"是竞争对手的劣势，却恰恰成了你此时最大的优势。敏锐的销售人员此时多半已经"嗅"到了成交的味道，只需稍加火候便可促成这比交易。但不乏经验不足的销售人员此时极易被机会冲昏头脑，他们乘胜追击贬低同行以抬高自己，殊不知这样做既不能有效利用优势开展良性竞争，也无益于销售工作的进一步推进。

在顾客用同行或竞品来压制自己时，正确的做法应该是不反驳客户，也不贬低同行。

"××司和我们是同一年成立的，规模也还不错，但在研发方面可能我们的对接资源会更适合贵司。"这样说既客观认可竞争对手的成绩，又让客户的注意力集中在自己的优势上。

"××会所的仪器在清洁方面很不错，但我们采用新升级的螺旋回旋治疗，除了清洁，在补充皮肤营养方面也很理想，考虑到您的补水需求，推荐您使用我们的补水套餐。"这样说既让客户觉得你比他更了解自己的对手，又充分给他自由选择的权利，从而营造出轻松的交易环境，顾客也会因为有了对比而做出更好的选择。

当同行或竞品从客户口中说出时，大可不必抹黑竞争对手，也不需逃避对比，诚恳为客户分析双方优劣，大方得体地让客户感受到你懂"竞品"且尊重对手。记住，当你完全了解竞争对手以及"竞品"时，客户往往会更加信任、依赖你，因为每一个客户都希望找一个比他更懂的"专家"，实际他们也会更信赖"专家"。

4.2.6　谈单见不到决策人

销售人员在谈单前期，对面坐的常常不是决策人，但他是有话语权的负责人。

当负责人说"老板不在，等他回来我转达"时，大多数销售人员心里一定很没底，既担心负责人根本不会将真实情况转达给决策人，又不好意思一再强调去转告。别急，问好一句话，能让你成功见到决策人。

当谈单见不到决策人时，切忌再三强调把意见转达给决策人，而是一定要在现场试探负责人，问他"如果您是老板，会不会认可我们的产品？"很多时候销售人员会因为自己已与这个负责人沟通好而误认为单子十拿九稳了，但有时会事与愿违，也许决策人的想法与传达者的完全不一样，也有可能他信息传达不到位等，以致单子丢失你都找不到原因，所以很有必要紧跟着问出这句话。如果回答是肯定的，那就紧跟一步问问能否帮忙约见决策人，因为只要负责人认可产品，多半不介意将情况转达给决策人。如果对方的回答是否定的，那结果已经明确，这张单子不用再白费力气了，负责人自己都不感兴趣，他自然不可能转达给决策人，任你大肆推销，必然是徒劳无功，不仅白费口舌，而且浪费时间和感情。所以，见不到决策人的时候要想方设法搞定负责人。

至此，产品价值已经充分展示，客户异议已经大致扫除，下一步我们将进入具体报价的环节。

4.3 报价是个技术活

4.3.1 五种砍价客户要分清

明明谈单前期很顺利，客户对产品也满意，但一遇到客户讨价还价就被牵着鼻子走，这是很多销售人员面临的问题。于是很多销售人员开始学习应对的话术和技巧，但你会发现，没有真正弄清客户砍价的原因，你学习再多的技巧也无济于事。面对讨价还价，首先要弄清顾客的消费模式、砍价心理，然后再去报价和应对砍价。为什么？因为砍价不是在打价格战，而是在打心理战。

销售报价前，建议分清以下五种砍价客户。

第一种，客户不具备购买该产品的能力。

如果客户对产品满意，对销售人员也满意，但是不具备购买产品的能力，那么对于这类客户，你就算做再多跟进工作也可能不会奏效，如果价格实在无法下调，那便只能保持尊重，保持联系，以后有需要再谈。

第二种，客户只是随便一问。

有些客户，在购买商品时，总会习惯一问："还能再便宜吗？"这种习惯一问的客户大致可分为两类，一类是已经确定要购买，只是尝试砍价；另一类则是本就不打算购买，只是随便问问。判断这两种情况，有个很好的筛选方法，如果前面单子谈得不错，当你坚定地说"不能便宜"时，那些已经确定购买但随口一问的客户还是会爽快付款，而那些本就不打算购买，只是随口问问的客户在这一环节会很快被过滤掉。

在销售过程中，还有很多这样的客户，他们会这样来砍价，"你再降价 × 元，我就跟你合作。"面对这类情况，很多销售人员分不清是客户想买只是在试探价格，还是根本不打算购买只是随口一问。这种情况下，如果实在没有降价空间，就坦言已经是最低价。如果有降价空间，还是用排除法筛选，告诉客户，降价需要申请，需购买者填好申请表格签上字，落地的形式越正式越好。经过这一操作，你会发现，愿意填写申请表的客户一定有购买意向，也真心希望能降价，而那些不愿意填写的客户，多半只是随便问问却没有意向购买。

第三种，客户就是想占便宜。

有一类客户，他们之所以砍价只是惯性地想占点便宜。对于这类客户，不建议直接降价，最好优先考虑增值服务，比如对于价值两万的产品，可以优先考虑为客户提供增值服务，之所以这样做是因为提供增值服务的成本要比直接降价低很多，这样既不会影响业绩，也不耽误提成，还让客户觉得占了便宜，两全其美。

第四种，客户认为你还能便宜。

同样价格的同一种菜，当它在菜市场出售时，消费者会讨价还价，但在超市人们却不会砍价。为什么？实际上此时商品和价格都没有发生变化，不同的是消费者的心理，因为大家认定菜市场能够再降价，但超市却不能讲价，这是约定俗成的观念，并不是买不买得起的问题。销售同理，客户之所以砍价，很多时候也不是买不买得起的问题，而是因为他们认定你还能再便宜，所以面对这种心理的客户，你要想尽办法让他知道，确实不能再便宜了，这已经是你的底价了。至于具体的方法，你可以出示一些与其他客户的成交记录、公司定价表等。当客户确定你给出的是底价时，便不会再讨价还价了。

第五种，客户认为不值。

当客户有购买能力却觉得产品不值时怎么办？那就想办法让客户觉得值。

某人看中一束求婚花束，但一直犹豫不买，原因是该款花束不值现有的定价。但店主却告知："这款是我们店内的求婚爆款，虽然超出您的预算，但我敢肯定，以后您在结婚纪念日还会来我这里买。"于是，某人开开心心买下了这束花。

为什么？因为买下这束花便寓意着能够求婚成功，这是一个好的愿景和结果。

一对预算有限的夫妇在普通油漆和儿童环保漆之间纠结，因为儿童油漆的售价相对普通油漆高很多，夫妇觉得没必要花更多的钱去买效果类似的产品。但销售人员却告知："如果家中有老人和小孩，建议选择儿童油漆，因为普通款甲醛含量可能会高一些，甲醛很容易诱发疾病。"于是夫妇左右权衡买下了儿童漆。

为什么？因为如果选择价格便宜的普通漆极有可能危及家人健康。

当客户认为不值的时候，要将"如何利用场景传递价值"（详见第三章）使用好，想方设法让客户感觉值得。如果没有传递好价值，只是一味与客户周旋价格，那么你报多少他都会觉得不值。

以上五种客户是我们常见的砍价客户类型，不同心理对应着不同的报价方式，销售只有掌握他们的心理，对号入座去报价，才能取得不错的效果。

4.3.2　读懂客户心理，报价才会准

公路边有个农家饭馆，自带停车场，立起的广告牌上写着"自助餐 15 元一位，停车免费"，生意一般。后来经人指点，将广告牌改为"15 元停车，午餐免费"，每日客户爆满。为什么报价内容前

后颠倒就会产生不一样的效果？因为认知。在大众认知中，吃饭的价格会比停车高，所以免费吃饭自然会比免费停车带给客户更大的冲击力。这就是消费者的心智模式，贵的东西变成免费赠送，会比便宜的东西变成免费赠送更有冲击力。

所以报价是个"读心"的技术活，只有深谙客户消费心理，才能准确报价。

1. 掌握客户心理再报价

客户总是抱有这样一种想法，希望自己所要购买的产品，在保证质量的前提下，价格越低越好，亦即性价比越高越好。因此在对客户报价时，销售人员既要充分展示自身产品优势，又要让客户觉得产品物美价廉甚至物超所值。此时作为销售的你，不妨试试以下两种"读心"报价法。

（1）降低期望，超出期待

=== **场景** ===

北京某知名产后康复中心曾邀我去为他们的产康师做培训，主要是因为他们的产康师不懂销售，当意向客户来店听到报价比同行贵五千后，就很少有人愿意再聊下去了，产康师对此无能为力。

为此太太专门去体验过，这家康复中心确实从环境、设备、技术各方面来讲都非常优异。首先，中心资源非常好，产康师、调理师均是执证专家，甚至很多产康医院的职员都是他们的学徒；第二，中心环境设备一流，单单仪器设备就比同行先进很多，品质也很好，基本都是国内一流水平；第三，中心曾经为众多一线女明星服务过，甚至有合影。但中心存在一个非常大的问题，便是产康师不懂得如何把这些优势传递给客户，常常是客户听到价格但还没等产康师说出优势就走了。

找到问题后，我建议他们在报价的时候换个方式。首先不去聊价格，而是先将自己的人员优势、设备优势，以及为一线女明星服务过的这些信息传递给客户。当你讲出这些优势还没有报价时，很多客户应该会有"这么高端，明星都来过，一定贵到离谱"的想法，此时，产康师再报出价格，倘若真的稍微比别家高出一点点，客户听完报价也会觉得没有想象中的那么贵，而且客户会觉得物超所值。果然，他们用过我的方法后，几乎所有成交的客户都认为"环境那么好，资源设备又一流，而且明星都来过，才比别家贵五千，太划算了"。

上面用到的方法便是"降低期望，超出期待"的报价法。产康师一开始并没有直接报价，而是在报价前利用了"降低期望，超出期待"的技巧，告知客户"产康师均是专家""环境设备均比同行高端""为一线明星服务过"，这一系列铺垫已经让客户在得知报价前，期望瞬间降低："普通机构都要 × 万元，这里这么高端，肯定价格要贵很多。"当销售人员正式报出价格后，顾客又会超出期待："天啊，这么高端的地方，才比普通机构贵五千，太值了。"这就是"降低期望，超出期待"报价法，销售人员给出的信息让客户先有了"这个产品一定很贵"的想法，而当销售人员真正报出价格后，

顾客对比自己之前的猜测，反而会认为这个产品就其价值来讲，价格并不高。

（2）模糊报价与价格锚定

客户上来就问价是销售人员经常面临的场景。面对客户的问价，很多初入职场的销售都会诚恳地将价格报出来，但到底报多少却不好把握，价格报低没利润，价格报高又会将客户吓跑，经验丰富的销售员在此时多半会运用模糊报价的技巧。为什么要模糊报价？因为客户此时多半已了解产品并明确了自己的需求，他们有购买欲望，就差问价了，看价格是否符合自己的预算，如果符合，就继续聊下去，若不符合，则放弃交易。

比如你去逛商场，当你问导购某样商品多少钱时，如果对方报价五千元，但你的预算是三千元，此时你很有可能转身就走；但导购若模糊报价，告诉你从三千到一万之间的都有，相信你会继续谈下去，最后可能成交。

比如你在电话中咨询某样产品的价格，如果对方报价太低，那么你会猜测产品不好；如果对方报价太高，那么你可能都不会继续聊下去；但若销售人员根据你的要求模糊报价说："一万到五万之间的产品随您选。"那么你一定很想进一步了解。

模糊报价也称区间报价法，核心是销售人员大致提供一个价格区间，让客户感觉价位在自己预算内，从而愿意聊下去，此时销售人员才有机会进一步传递自己的价值或优势。这种报价方法的作用主要在于留住客户，从而获得下一步销售机会。

如果说模糊报价在于为接下来的价格战做准备，那么多档位价格供客户参考对比意在让客户有选择性。如果遇到走马观花的客户，而你只有一种报价，这个价格又与客户预想相差太大，那么这种报价方法很有可能将客户送到竞争对手那儿。

当客户已了解产品，明确需求，只想问价的时候，具有比较价值的"多档位报价法"会让客户更容易选出自己理想的产品。

某品牌咖啡将柜台展示商品设定为大杯、中杯、小杯，你仔细观察便会发现，销量最好的一般是中杯。同样，在该品牌吧台上会长期摆放一种矿泉水，售价比咖啡更高，买的人寥寥无几。这正是商家的定价策略，设定大、中、小杯的目的在于让顾客买中杯，因为对比下来大杯稍贵，小杯不划算，只有中杯分量合适，价格也适中，有了参照物以后，顾客选择就很明确了。同理，昂贵的矿泉水也是为了凸显咖啡的"便宜"，有了大杯、小杯、矿泉水作为参照物，消费者便会自然而然地将目标锁定在那个"更划算"的产品上。

通过设定参照物（多档价位）来报价，也叫价格锚定，核心就是为了凸显商家主推产品的性价比。消费者产生价格锚点时，会遵循两个原则：避免极端和权衡对比。基于这种心理，商家一般会针对主推产品再设定可与之形成对比的两种或多种价格档位，突出主推商品的性价比，从而让顾客在参照对比中锚定主推商品。

十万一辆的轿车，你是否会觉得昂贵？我想不会，因为还有很多几十万几百万的车；十元一瓶的矿泉水，你是否觉得贵？当然会，因为还有很多一元两元的矿泉水存在。当客户认为你的报价很贵，真的是定价的问题吗？当然不是，很多时候仅仅是参照物的问题。所以销售人员在报价时，不妨遵循"价格锚定"规律，让客户有所参照，凭主观意识做出理想选择。

即便是有需求、已了解产品的客户，他们多数时候对产品体系也没有非常清晰的认识，这种情况下如果盲目报价，那么客户很有可能一锤否定，而模糊报价与多档位价格（价格锚定）则是此时的最佳选择。

2. 当商品有优惠时怎么去报价

有人曾经举过一个例子：你在 A 店看中一款 100 元的闹钟，这时候有人告诉你，B 店一模一样的闹钟只要 60 元，步行十分钟就到。此时你通常会毫不犹豫地跑到 B 店去买。但如果你在 C 店看中一块 6600 元的表，同样十分钟路程的 D 店卖 6500 元，多数人不会愿意再跑一趟。

这就是消费者普遍存在的心理偏见，即比例偏见。比例偏见是指，在很多场合，本来应该考虑数值本身的变化，但是人们更加倾向于考虑比例的变化。人们对比例的感知，比对数值本身的感知更加敏锐。例如，对客户而言，20 元的东西便宜 10 元比 300 元的东西便宜 30 元更有诱惑力，这种 50% 比 10% 显得便宜的心理，就是"比例偏见"。

一瓶售价 2 元的矿泉水促销，现价只卖 1 元。你怎样向客户报优惠？此时"售价 1 元"的冲击力远远不如"只要 5 折"。售价

1000万元的房子现在售价800万元，你怎样向客户报优惠？此时"享受8折"的冲击力远远不如"直降200万元"。一盏燕窝，原价3800元一斤，现价只需3500元一斤。你怎样报优惠？此时3500元一斤的冲击力，远远不如50克只需350元。以上产品虽然价格和优惠力度没有变化，但换个方式报价，冲击力完全不一样。所以聪明的商家和销售总能在现有优惠力度上找到一个很小的价值基数，以此向客户展现巨大的优惠比例，这样做既让消费者获得了巨大的价值感，又能提高商品销售量。

这就是消费者的比例偏见心理。销售人员在向客户报优惠时，应该灵活运用比例偏见逻辑，这样才能更加牢固地抓住客户。记住一个原则：在商品有优惠需要报价时，价格高的商品报数字，价格低的商品报比例。

3. 当高端产品无价格优势时怎么报价

当你的商品质量优于同行，价值高于同行，但价格在同行竞品中却毫无优势，此时该怎么办？

▬ 场景 ▬

还是回到前面"产后康复中心"的案例。在我为产康师做培训的时候，确实发现该机构的资源和康复效果优于同行太多，即便如此，他们却总卡在报价环节，每当客户听到他们的产后康复疗程三次×万九千八百元，便拿出"别家十五次也才×万九千八百元"做对比，于是谈单终止。

为此我专门去了解了情况，发现该机构确实三次康复疗程售价与同行十五次定价一样，但我同时也发现，该机构的设备和医师资源优于同行，并且他们三次疗程的效果可以与其他机构十五次的疗效媲美，也就是说，产妇同样花费×万九千八百元，如果选择该机构做康复治疗，会比在其他机构提前恢复产前身材。于是我建议他们报价前先把价值和效果讲出来，具体话术如下：

"别家十五次治疗让你恢复到产前身材，这十五次有可能历时六个月，而我们仅仅需要三次治疗便可以达到，七天为一周期，三次21天便能让您恢复到产前身材。也就是说，您在别家修复需要六个月，而在我们这儿只需要二十多天，这个修复效率您对比下。"

果然，将价值和效率放在价格之前说明，客户便不再纠结单次价格贵的问题了。

这一案例属于产品高端但价格不占优势的典型案例。×万九千八百元，别家可以做十五次治疗，而该机构只能做三次，也就是说单次治疗价格远远高于同行，此时如果直接报价将会输给同行。面对这种情况，我们应该先强调效率再去讲价格，当效率被先入为主地植入客户脑海中时，她便不会再纠结单次多少钱这个问题了。同样的×万九千八百元，此时已经完成了从"价格不占优势"到"效果至上"的完美转变。

为什么很多高端产品一旦价格没有优势就很难卖出去？因为大多客户听完报价第一时间都在纠结价格贵多少，而完全没有在意你的产品好在哪儿，当你正要阐述自己的产品"贵有贵的道理"时，第一印象已经占据了客户大脑，即你比别家贵。所以记住，当高端产品在价格上不占优势时，想要说服客户，就应先将价值呈现出来，价值传递到位后，再去讲价格，这样才能让顾客真正体会到一分钱一分货的道理。

4.3.3　能降价吗

前面我们已经详细讨论过几种典型的砍价客户类型及砍价时的心理，也已明确应对不同客户该如何去正确报价，即便如此，对于你销售的产品，不论报价方式多高明，依然不乏讨价还价等你降价的客户。降不降？怎么降？别盲目，有方法。

1.　报价掌握主动权

很多销售都有同感，当客户一聊价格，心中就十分没底，非常担心自己的价格客户不能接受。与其心里七上八下去猜测客户的想法，不如提前掌握主动权。具体做法如下：

（1）反客为主，反问客户。先问清客户除了价格外，还有没有其他方面的问题，如果还有其他方面的疑问，可以先解决好价格以外的其他问题再来聊价格。

"×总，除了价格，您还有没有其他方面的问题？如果有，我先给您解决其他问题。"

（2）确认时间方面的问题。可以向客户确认，如果为他申请到最理想的价格，那么是否能马上签订合同？该步骤的目的主要是判断客户是否为真正有意向合作的客户。

"× 总，我尽量为您申请最优惠的价格，如果价格订好，咱们今天可以签订合同吗？"

以上两个步骤完成后，你便会知道客户是不是真的有购买意向以及是不是真的想了解价格。如果客户真的有意向购买，那么在这两个步骤后，价格主动权已经在你手里。记住，主动权十分重要，因为很多客户在探走底价后仍旧会萌生不合作的想法，以诸多借口拒绝你，譬如付款方式不妥、临时改变主意等，倘若此时你没有掌握主动权，最终极有可能竹篮打水一场空。

在掌握主动权之后，就可以酌情报价了。如果价格没有空间，就如实告诉客户真实底价；当你有一定的价格空间时，可以根据客户的实际情况灵活报价，这样一旦客户讨价还价，双方还有一个回旋的空间，最后不管以什么价格成交，只要低于报价，客户大都会觉得很满意。

2. 用其他方式代替降价

当你的合理价格依然遇到客户讨价还价时，如何在不降价的情况下让客户感觉自己占了便宜呢？来看以下场景。

场景

客户看上一款品牌休闲鞋，但售价大大超出其预算，便砍价："能否再给个折扣？"

导购见其爱不释手，便说："该鞋由知名设计师设计，款式性能都一流，唯一的缺点是明码标价。"

"一点优惠都没有了吗？"

"我只是个导购员，没有权限再打折，不过先生，我可以为您申请一双同系列正品鞋垫，您看怎么样？"

见客户犹豫，导购又说："如果您了解我们品牌就一定清楚，这个系列的定价相对设计来说，一点都不贵，并且我们为您申请的这双鞋垫单品售价也不低呢，刚好夏天您可以换着使用。"

"好，就这样吧！"

场景

网络公司正在推销一款售价一万八千八百元、具有一年服务年限的网络维护套餐。

客户砍价："那么贵！优惠点。"

专员："宋姐，定价我实在做不了主，不过我有权限向公司为您申请服务年限，给您增加到三年，也就是说您花一年的费用，我们为您服务三年，您看怎么样？"

客户想了想，说："行，你们得说话算数啊。"

上面两个场景中，客户均认为目前的价格有点高，试图砍价，导购用"申请同系列正品鞋垫"的方式代替了降价；网络公司专员则用"增加服务年限"的方式代替了降价。如果以上场景中，销售人员有降价空间而选择降价的话，那么自己的提成和业绩会直接受到影响，但申请价值不菲的鞋垫或额外两年服务年限，这样操作不仅提成不会受影响，而且客户也会很满意。

在客户讨价还价时，用客户可以接受的其他方式代替降价也是一个"杀手锏"。

3. 降价不易

如果客户依旧坚持降价，而你确实还有降价空间，那么立马给客户降价吗？不，你得让客户知道，每一次降价，都会让你很为难。

━━━ **场景** ━━━

客户到花店买花。

客户："老板，这束鲜花怎么卖？"

店主："这束 399 元。"

客户："太贵了，便宜点。"

店主："那算你 360 吧。"

客户："260 可以吗？"

店主："好。"

客户："抱歉，我再考虑下。"

说完客户扬长而去。

***

为什么一再降价却最终没能成交？因为店主的每一次降价都让客户觉得太容易，他想："这么容易就降价，你的利润空间肯定很大，如果不能再便宜，那肯定赚了我不少。"所以切记，降价一定把握好度，每一次降价，都要让客户觉得有难度，哪怕明明可以给优惠，你也要表现得很为难，这样客户才会觉得你的利润空间没那么大，自己的钱花得很值。

当客户讨价还价而你又实在不能再降时，怎么办？

此时不妨试试决策转移权，转移重心，告诉客户你要找领导申请，让客户将期待的重心从你身上转移到你的领导身上。当你说出不能再便宜时，客户可能不相信，但当你领导回复确实不能再便宜时，他很有可能就会觉得："既然领导都说不能便宜了，应该是真的不能再便宜了。好吧，不为难这个销售了。"不过，该环节不能是"独角戏"，需要领导与你达成默契的"配合"，也许只是一个聊天截图，也许只需要领导一句"你很幸运，这是我们最后一个折扣名额了"。

这样一来，主动权还在销售人员手里。

为什么我们在价格环节一再强调要摸清各种客户的心理呢？还

是那句话：不论报价、砍价还是降价，所有价格之战都是心理战。聪明的销售人员，在面对任何类型的砍价客户时，都会让对方感觉在这场博弈中自己赢了。

4.4 巧用销售工具平"异议"

"工欲善其事，必先利其器"，话虽如此，但很多销售人员却总忽略"销售工具"这一利器的准备及使用。当销售人员无法及时解决客户异议时，他们很大程度上会面临不被信任的尴尬，此时可以利用销售工具来协助自己解决客户异议，从而顺利取得客户信任。

常用的销售工具包括合同、客户转账记录截图、客户好评以及转介绍截图、公司优惠活动截图、与上级对话截图、价格申请表或礼品申请表、客户调研表等。若能用好这些销售工具，你就会发现，每一个看似普通的工具，在处理异议的过程中都会带来意想不到的效果。

1. 合同

有些销售人员在谈单过程中总是不敢拿出合同，他们担心还没成交就拿合同会遭到客户的排斥或拒绝。其实这是一个很大的误区，合同作为销售工具之首，它并不只是一个简单的内容，更多时候，一份合同的制定代表着销售的谈单思路与公司制度。为什么这么讲？因为很多公司的标准化内容，如价格体系、服务内容、合作年限等往往在合同上都能得到体现。有时客户对服务或者价格还有异议，如果看到标准的合同范本，可能瞬间就会明白："哦，原来条款已经写得很清楚。"那么客户必然会因此多出一份信任来。而且在谈单时拿出合同本身也代表着一种积极合作的态度。

2. 客户转账记录截图

销售过程中经常会遇到一再砍价的客户，尽管你已将价格优惠最大化，但他依然觉得你没有报出实在价，总觉得自己吃了亏。此时如果销售人员能将手机保存的交易截图或者电脑内的转账记录给他看，他也许就会相信你了，心里自然会平衡一些。

3. 客户好评以及转介绍截图

当客户担心你的售后服务达不到要求时，此时大可不必拍着胸脯去保证，你完全可以坦然拿出手机，点出上一个客户发来的语音好评或者转介绍截图。事实胜于雄辩，客户心里当然清楚，服务不好怎么会有客户给你好评并且转介绍？所以时刻保存客户好评很重要。

4. 公司优惠活动截图

不论是"限时三折优惠"还是"公司周年庆典回馈"，总之公司每一次发出的优惠活动文件或者图片资料都要保存好。在"逼单"环节，若客户不相信你的优惠政策，此时你便可以出示这些"证据"。有时当你说出"售完即止"时，客户根本不相信，他会觉得所有"优惠"都是你诱导他买单的谎言，所以此时不妨翻出你保存的历来公司的优惠记录，盖章文件最好，让他清清楚楚看到所有的优惠活动都是公司明确规定的，此次优惠真的是过了这个村就不再有这个店了，所以想要捡到便宜，最好尽快去下单。

5. 价格申请表

有时客户讨价还价，想要得到优惠，很多销售会直接给出优惠，但优秀的销售人员常常会让这件事情"形式化"。当客户尝试争取最低折扣时，不妨翻出 iPad 内的价格申请表，让客户如实填写申请，甚至填好联系方式并签字确认，越正式越好，他若签字确认并积极配合走流程，那么说明真心想要合作，并且该单板上钉钉，客户基本不会再反悔。

6. 客户调研表

谈单之前可以备一份调研表，如果你在网站制作公司工作，那么就可以让客户将自己以往的网站使用体验及问题写在调研表上，比如自己更注重网站哪方面的功能？之前用过哪些网站？曾经遇到什么问题？目前预算大概多少等；譬如你是医美机构，就让客户填写对于医美的看法，一年愿意花多少钱保养，身边有多少朋友在做抗衰老方面的保养等。表面看只是做了个小调查，实际却是在明确客户的需求，这会让销售在谈单之前就已明确思路和话题切入点，从而知道对待不同客户应该怎样去谈单，甚至你会看到，客户的某些异议已经出现在这份调研表格里了。

随着行业的不断发展，销售精英们的业务水平也在不断精进，但还是那个最朴素的道理，纵使你有十八般武艺，也最好能够注意最小的细节，养成随时优化、利用销售工具的好习惯。相信我，越到职业生涯的高处，你越会发现，很多意想不到的收获竟然来自销售工具的"帮忙"。

　　导语：销售活动犹如踢足球，当异议扫平、价格谈妥后，便意味着运球机会已到，不能贻误时机，只有顺利将球运到对方门前，才有机会进球（成交）。这里的"运球"其实就是指"跟进"。在一系列运球之后顺利攻到对方门前，最终能否进球还得看临门一脚的力度和角度，而这里的临门一脚就是指"逼单"。运球失误或临门一脚不给力，等待你的都将是功败垂成。所以，本章就重点来讲讲如何"运球"以及如何把握"临门一脚"。

5.1 跟进时效

5.1.1 二次跟进难易取决于初次谈单好坏

很多销售总问我："为什么二次跟进这么难？有无跟进和逼单的相关技巧可以传授？"答案当然是有，但我更希望你能明白一件事，那就是所有二次跟进的艰难，其实都源于你初次谈单不利。在没有把握好第一次谈单机会的情况下，盲目学习任何跟进、逼单技巧都是徒劳。为什么这么说呢？

以我亲历的一件小事来讲。

某天，我到书店想买一本与专业相关的书，热情的导购将近期畅销书递到我手上，紧接着翻开目录给我看，但我看过目录后感觉并不是我想要的书，于是便转身去其他书架了。导购见状，又追着我极力介绍此书，见我没反应，便再次向我提出，可以推荐其他书给我，为了提高购书效率，我以"想自己看看其他方面的书"为由去了其他选购区。巧的是，不久后同行的朋友送了我一本书，翻开一看，正是那天导购给我推荐的那一本书。好奇心驱使我阅读了这本书，竟发现书中内容很不错，而且正是我想要的类型，但我那天却因为对目录的误判与这本书擦肩而过。

试想，如果那天导购换个方式向我介绍此书，再根据我的需求精准将书中的知识点、价值，或者我可能感兴趣的内容呈现给我，那我一定会买下它，而不至于在导购的第一次盲目推介后直接拒绝他后面的所有推荐。

机会已然错失。是我真的不需要这本书吗？不是，其实是导购的首次介绍方式有问题。当我对他失去信心，他纵使技巧再多，也很难再有跟进我的机会。

回归现实，为什么二次跟进艰难？因为很多销售犯了以上导购同样的错误，你的产品客户很有可能需要，但是因为你的初次谈单价值传递不到位，让客户误认为自己不需要，最终导致很难再次跟进。当客户对你的第一次谈单失去了信心，或者说你没有抓住"晋级"机会，就很容易给二次跟进带来困难。

其实很多时候，二次跟进或者逼单的艰难并非难在方法上，关键在于第一次谈单时，就应该以正确的销售思维科学去谈单，若首次谈单时就能将价值要点传递到位，那么二次跟进的难度将会大大降低；相反，若你初次谈单不利，那么学习再多的跟进与逼单技巧也都是徒劳。

5.1.2 甄别意向要素

当你首次谈单顺利"晋级"后，便正式进入了跟进环节。此时新的问题又来了，我发现很多销售人员在跟进的时候方法和技巧都不错，但是他们判断的最终意向客户却错了，导致大量的时间与精力都消耗在了一些无效客户身上。盲目跟进、逼单让这些销售不仅备受挫折，而且沦为了竞争对手的"嫁衣"。基于此，我想告诉大家，跟进逼单不能盲目，先甄别出意向客户很重要。

那么哪几种客户值得跟进？请看以下五要素。

1. 判断这名客户是不是决策人或关键人

客户能否对这个单子拍板做决定很关键，当你与一名没有话语权的经办人谈单，也许你们相谈甚欢、十分投契，但是他最终传达给决策人的，可能只是经过删减后的一两句话，而这一两句话很有可能还不专业。所以此时，不急着将他定为意向客户，因为老板才有最终决定权。

2. 判断客户的预算

如果客户的预算不够，那么即便谈得再好也不会成为意向客户，至于预算如何探寻，详细内容可见前面报价砍价相关章节。

3. 判断客户需求

如果对客户的需求判断不准确，那么合作的概率会非常小。客户有时很热情、很友好，销售便认为"不错，他对我没那么冷淡，说明是个意向客户"。殊不知，有些客户热情和健谈纯属打发时间，只要不聊及需求、确定需求，客户所有的热情态度都不能作为意向客户的判断标准。是否为意向客户起码得满足这一条，那就是客户对产品真正有需求。

4. 判断客户能否再次跟你交流

你得判断这个客户在第一次没有签单后，之后还会不会和你保持联系，你们还有没有正面交流的机会。如果答案是否定的，基本就可以理解为之前的交流全是假象。

5. 判断客户是否与你的竞争对手洽谈过

客户货比三家是人之常情，所以竞品常常也是阻碍跟进的绊脚石。当客户与你见面时没有找到其他竞品，多半会在与你谈完之后去找下一家对比，此时该客户还不能定为意向客户。但如果客户在货比三家后再次找到你，这时对你绝对有利，好好把握，客户很有可能成为你的意向客户。基于此，销售人员应该主动询问客户是否与竞品方谈过，以此判断客户与你合作的意向程度。

以上五点可以作为跟进前判断意向客户的标准，满足三个或三个以上条件的，便可算作意向客户。在此有必要补充：除了以上五种情况，还有一种电话销售常会遇到的情况，也要加以甄别，那就是客户让你发资料。

我在做网站销售工作时，常常会在跟进过程中被客户要求："你先把资料发给我看看。"那时工作经验不足，错将客户要资料当成意向信号。客户让发资料那就发，于是经常将大量时间耗在发资料上，原本一天能够打 150 通电话，却因为发送资料耽误，只能拨打50 个电话，严重影响了开拓其他客户的进度。第二天跟进，客户清一色答："很忙，资料还没看。"于是只好傻傻等着客户看资料，可最后才发现，大部分让发资料的客户都不是真的想看资料，他们只是随便找个借口打发你而已。

在跟进过程中，如果客户让你先发资料，而你又无法判断客户是否在敷衍你时，有个技巧能助你鉴别客户意向的真假。首先，你可以口头答应，但并不真的发送资料，如果你在下次跟进时，客户答复"很忙，资料还没时间看"时，那这名客户多半是在找理由搪塞你，不需要再做无用功了；而那些说"抱歉，我没有收到你的资料"的客户，才是重视这次合作的人，你可以大胆发送资料并继续跟进。这个方法能轻松过滤掉敷衍你的人，留下真正有意向合作的客户，既节省跟进时间又愉悦自己，何乐而不为呢？

以上这些技巧，在很大程度上能够帮你判断并锁定值得跟进的客户，但是如何高效跟进呢？等待上一次谈单结束后他的考虑结果吗？如果他不答复呢？如果他总说很忙呢？别担心，下一节我们讲讲那些跟进客户的技巧。

5.1.3　跟进有门道

尽管意向客户已被锁定，价值传递已经到位，但在跟进过程中只要涉及买单，你的跟进就会遇到许多阻碍：客户很忙、聊天冷场、对方不理你、无法准确了解客户的动向……怎么办？有技巧。

1.　二次邀约的最佳时间是伪概念

很多销售会问："为什么我一约客户，他总会很忙或者有各种事情推不开？二次邀约的最佳时间是什么时候？"

在此我先纠正一点：二次邀约的"最佳时间"，本身就是个伪概念。当你对客户有价值，客户对你充满期待的时候就是最佳邀约时间；反之，如果你只是想尽快促成这单合作，客户只感受到了你的"销售"味，那他对你可能永远都不会有时间。所以真正的最佳时间就是客户期待与你见面的那一刻，如何让客户期待与你再次见面呢？门道在于初次谈单的尾声。

以前我们谈业务，对接的公司很多都是世界五百强企业，这种情况一般会见到负责人或私企老总，但无论如何没办法一次性决定，谈单者都得和老板或股东商量。对于这种情况，我们必须要通过二次甚至多次见面才有机会推进这个单子。当时我也曾面临与大家一样的情况：难以把握二次邀约时间。

直至后来，我总结出一个方法，那就是在每次谈单要离开时，我都会告诉客户，我已计划下次见面给他列出某个可行方案，并告知对方这个方案大致涵盖的内容、可带来的帮助以及同行合作案例等。当客户听到这里，马上能意识到下次见面我会给他带来价值。此时我便根据情况继续邀约，如："我大概下周三才能做好方案带过来，您是否方便？如果不便，咱们定周二或周四都可以。"客户想尽快拿到可行方案，所以此时多半会与你现场订好见面时间。

为了避免夜长梦多，我一般会在这期间继续跟进两次，并汇报进度，让客户记得与我见面这件事情，并且充满期待。

还有一种情况，是当你与客户的关系非常密切时。

正常情况下，当我们想与客户约见时，一般会将事件说出，再问对方有没有时间，但对方很有可能告知你自己没时间。但如果你与客户关系密切，则可以反其道而行之，直接问对方某天有没有时间，当对方反问你"有什么事"时，你可以不讲事件，先卖个关子，只讲该事件一定会对他有好处，继而反复与他确认时间，当对方定

第5章 成交有道

下时间时，一般就不好再拒绝你的邀约了。当然，这仅限于你与客户关系匪浅时。

让客户期待与你见面，这就是最佳时机，二次邀约的成败，往往取决于上次谈单的尾声。在初次谈单结束后，给客户下一个"有价值的钩子"，让他感受到你下一次会为他解决问题，而不是邀请他来买单促成你的业绩。当你的"钩子"越利于他，客户就会越期待与你再次见面，并且一定会积极给与回应。见面如此，电话邀约也同理。

2. 先利他再利己

有些销售经常遇到这种情况，谈单初期聊得不错，但是进一步跟进时，客户便表现出种种抵触反应：不愿理你、总是很忙、谈单冷场……这个时候不妨看看自己在跟进客户的过程中，是不是一味地只是在追着客户做决定，而没有站在"利他"的角度，聊一些有"温度"的事。

场景

某平台运营机构业务员找我谈合作，谈过一次之后，我便大致了解了他的情况，在后面他跟进我的过程中，我也基本没有太理会。突然有一日，他问我："大野老师，你为什么总不理我？同为销售，你能不能也教教我？"当时本着让他少走弯路的想法，将实情告知。我说："你的跟进方式有问题，你不够'利他'。"他又问：

"怎么算利他？"我说："如果你站在专业角度告诉我，目前我的平台账号存在哪些问题，你要怎么帮助我改进，那么我会给你回应。但是你没有，你只是一直在追问我考虑得怎么样，却没有站在我的角度思考问题，然后给出可行的解决方案，所以我没办法回应你。"他这才恍然大悟。

为什么跟进艰难？当客户对你爱答不理时，有可能是你没有带着"利他"思维让客户看到你的价值。如果你的每一次跟进，不是问"考虑得怎么样"，而是能让客户感受到与你合作的好处，让客户感受到你正关心并能够解决他所关心的问题，客户还会不理你吗？所以要想客户"不忙"，你得对他有价值。

当你从美容院回到家需要考虑的时候，美容师问你考虑好了没有，并且给你发送海量促销信息，此时你会回复吗？不会。但是如果美容师告诉你，目前正值换季，你的皮肤需要注意哪些问题，并且最好使用哪些护肤品，此时相信你会回复。

当你从 4S 店回到家需要考虑汽车该贴哪个档次的车膜时，销售顾问问你考虑好了没有，并一再表示可以给你申请优惠，你会回复吗？不会。但是如果导购告诉你，最近多雨，爱车保养需要注意哪些问题，那么相信你会回复。

至于为什么，我想不必再赘述。

3. 不聊产品聊"温度"

有些销售人员在跟进客户欲聊产品与合作时，常常会遭遇客户的抵触情绪，或拒绝沟通，或是需要一个空间思考。很多销售为避免与客户关系"凉凉"、成交无望，便想尽一切办法拉近与客户的关系。

场景

某销售新人在跟进过程中，聊天陷入冷场，越聊到后面，客户对产品反而越发表现出了抵触情绪，但是明明之前的谈单很顺畅。当他想起自己无意中翻过客户的朋友圈，好像客户十分热衷旅行，尤其喜泡温泉时，便决定转移注意力，试试聊点别的。他想起自己曾经去过的海螺沟热矿泉，体验感非常好，便推荐给了客户。令他意想不到的是，客户居然滔滔不绝地与他聊起了各处的温泉体验，后面又听了销售人员的建议去了海螺沟，并且在旅途中随时与这名销售沟通分享……就这样，销售人员用与产品无关的话题，"另类跟进"促成了这笔订单。

就算客户有购买兴趣，跟进时如果一味销售，也很有可能磨灭之前谈单留下的好感，导致冷场。而避免冷场或客户反感最好的方式，就是用客户感兴趣的话题延续跟进。因为没有哪个客户喜欢冰冷机械的销售行为，所以想要与客户越聊越起劲，就得"言之有物"，所谓"物"，就是客户关心或擅长的一切事物。

假使你是幼儿培训机构销售，当你的客户需要再三斟酌的时候，你一味炫耀师资和业绩，且拍胸脯保证培训效果时，谈单未必不冷场。但是，当你不谈课程，而问客户："孩子的毛笔字写得不错，是师承大师还是天赋使然？"此时一定不会冷场，且对方会告诉你他的孩子天赋异禀的"秘密"。

假使你是互联网公司的销售人员，当你的客户需要货比三家的时候，你一味灌输产品售后信息，且向客户反复强调自己的产品在行业内好评如潮时，聊天未必不冷场。但是，当你不谈产品，而问客户："怎么样才能将滑板玩得像他一样好，哪种滑板更容易入门？"此时一定不会冷场，且对方会乐于和你分享他所掌握的滑板技巧。

不聊产品聊"温度"，当你能真诚且虚心尊客户为老师，向对方求教他擅长或感兴趣的事时，他一定会乐意将技巧教给你，且对你抱有好感。因为自尊心是人类心灵的伟大杠杆，很多人都有"做老师"的心理欲望，且喜欢分享自己擅长的、让别人很羡慕的事情。销售的你想要聊天不冷场，要牢记这个普遍心理需求，一问一答中，让客户更多地感受到你的诚恳和虚心，让他更多地感受到自己被尊重、被认可。

4. 发信息是下下策

很多销售人员在跟进阶段惯用的手段是发微信或者信息，其实这是所有跟进中的下下策，因为发信息这种方式会让你失去很多判断力。

=== **场景** ==

某销售人员正在跟进一名意向客户，每一次沟通都是发微信，而客户回复信息至少是在三个小时后。劝他打电话，他不敢，一方面怕打扰客户会招致反感，另一方面怕单子谈黄了，所以就一直等着客户回复，客户那边却迟迟没动静。直到两天后他才鼓起勇气给客户打了个电话，电话那头的客户坦言，确实把这件事情给忘了，因为最近公司的事情太多，实在太忙，根本没有看私人微信的时间。再谈到合作时，客户表示自己已经去外地出差了，如果能早一天决定也许来得及签约。

就这样，明明可以成交的单子，却因为销售人员在该打电话的时候选择了发信息而错过了。

在跟进客户的过程中，能见面的尽量不要打电话，能打电话的尽量不要发微信。在跟进时，你需要不断地去判断客户的态度、感受客户的情绪、了解客户的反驳点。如果你只是选择短信或微信跟进，当客户不回复，你却一直在等回复，此时你根本无法捕捉到客户的真实动态，甚至他是否在敷衍你都无法判断。只有在无法见面、不方便打电话的时候，才选择通过短信或微信跟进。

跟进，并不是冰冷的一句"考虑得怎么样？"记住，不要太急功近利，否则会让顾客反感，而要站在客户的角度，以利他思维去讲有"温度"的话，给他传递有用的信息。客户在任何时候都不关心你的业绩，相比业绩，他们更关心你眼里到底有没有他。当你眼里有他时，才是客户愿意和你沟通的时候。

5.1.4　会议营销邀约六步走

除了一对一跟进客户，很多公司也较擅长会议营销（以下简称会销）。一场完整的会销分为会前、会中与会后。其中，会前一般需要完成邀约等一系列铺垫动作，会中部分是指会议现场的具体动作，会后部分则是指继续跟进服务的动作。严格来讲，从你与客户初步沟通之后直至成单，期间的一切交流谈判等工作均属于跟进动作。

很多人觉得，会销的精髓在于会中现场对产品的完美宣讲，其实并非如此，真正对客户成交起决定作用的其实是会前。为什么？因为一场会销是否合格很大程度上取决于会前铺垫是否充足。客户到场前，你的一切铺垫都是为了使其意向程度提高。打个比方，别人邀你参加会销，其实就是奔赴一场买卖交易会。若你来现场之前没有做好买的准备，那么即便会上讲得再好也无缘缔结成交；但如果你在到现场前，对产品已经基本了解，并且成交意向很强，这个时候临门一脚的会前邀约就会起到至关重要的作用。

被"放鸽子"，是临门一脚的邀约中最普遍的窘境。当客户压根儿不赴约，那么很遗憾，你的跟进就此终止了。为什么客户明明答应会来，但突然百事缠身：朋友来访、开家长会、临时出差、不想去了……也许是敷衍，也许真的有事耽误。但无论如何，被"放鸽子"源于对方不重视，如果客户足够重视，一定会乖乖坐在会场的椅子上。

那么怎样让客户足够重视你的邀请，从而提高到场率？记住以下六步。

第一步，判断参与意向。首先判断客户是否具备初步的参会意向，也就是他想不想来，他对这场会议是否感兴趣。

第二步，郑重发出邀请。当确定客户有参会意向之后，可以正式邀请见面，甚至可以提出参会即可获得礼物、门票之类的福利。

第三步，尽可能收费。有时候门票费、活动费、订位费等一切付费会议会让客户觉得他们参与的活动更有价值，从而不愿意错过这次机会；同样地，也有客户会因为已付费所以才不会爽约。但记住，规则是与会后返还全部缴纳金额，只有不到场才会自动扣除费用。

第四步，强调重要性。比方告知客户，我们的会议一季才有一次，非常难得，而且会给你预留最好的位置，并且与您随行的朋友均会享受免费泊车的待遇。总而言之，让客户知道，会议很难得，他很值得来一趟。

第五步，保留悬念。在此期间并不告知客户所有关于会议的细节或重点，只会酌情抛出一个与会议相关的亮点，比如这次签约我们将为您提供增值服务。

第六步，临门一脚。在会议开始之前，详细沟通了解客户的购买意向以及对产品的价格和期待，甚至他准备以什么样的方式付款等，然后再告知客户，他提出的所有问题都将在这场会议中得到完美解答。

在此有必要补充两个要点。

要点一：在这场会议结束后，如果客户没有现场签单需要继续跟进，那么一定记住趁热打铁，在当天或次日及时与客户见面沟通。如果错过时间，那么很有可能导致客户购买欲望降低，到时候你的跟进难度也会更大。

要点二：会销六步中，每一步都要把握好。比方距离会议还有30天时，这30天内你既不可以干等着客户答复你，也不能频繁催促客户来参会。在这期间，你需要找时间与客户强调这个会议对他的重要性，以及你为他的到来做了哪些准备工作，工作已经进行到哪一步等。这样做，一方面是为了让客户时刻记得这件事，另一方面是让客户感受到你对他的重视，这也是增加会销邀约成功的加分项。至于时间间隔，大家各自酌情把握即可。

5.2 临门一脚定乾坤

5.2.1 勇气与信心

很多公司都会进行"逼单"话术的培训，但实际情况是，销售人员即便学了这些话术技巧也不会用，不是没学会，而是他们不敢去用。当你不敢用技巧的时候，任何方法和技巧都毫无存在的意义。所以在讲方法之前，我想强调的是，你得有敢于逼单的勇气，除了勇气，你还需要对公司产品以及客户充满信心。

说到勇气，为什么有些销售人员不敢去逼单？因为他们经常把一些不该逼单的客户给"逼死"了，越"逼死"就越害怕，越害怕就越不敢逼，循环往复……尽管网上很多老师告诉你真正的意向客户"逼不死"，但如果带着一腔孤勇，分不清客户所处阶段盲目去逼单，那么不管什么样的客户都有可能被你"逼死"。所以我给大家分析一下，什么样的客户该去逼，什么样的客户不能逼。

（1）真正到了客户要买但不一定是现在买的时候（显性需求时），你可以大胆逼单。

（2）客户需要买且现在就要买（燃眉之急阶段），这时就差临门一脚与你合作，你也可以大胆去逼单。

如果客户尚处于隐性和缓性需求阶段，那么即便你带着再多的勇气和技巧去逼单，都会引起客户反感。但是这四个阶段又呈递进关系，谈单谈得好，才能让隐性需求变成缓性需求，缓性需求升级为显性需求，最后真正到了显性需求与燃眉之急阶段的时候便可以大胆去逼单了。至于四个需求阶段的级别划分，我们在第3章有详细讲解，在此不重复说明。

简而言之，没有勇气与信心，所有技巧都是徒劳；不明辨客户所处的需求阶段，逼单就等同于逼客户离开。

5.2.2　锁定逼单信号

当你已经具备逼单勇气，客户需求阶段也已明确，此时依然还有一部分人无法精准接收到逼单信号。别担心，一般需要你去逼单的客户，他们会有一些常见的举动，这些举动有时候会让销售新人感到害怕，但有经验的销售人员对此却特别兴奋，因为他们知道，这些信号在提示：逼单时机已到，请勿错过。我们一起来看看。

举动一，挑毛病。

比如客户说："你们这个产品没有我之前的那款看起来高档啊。"

所谓嫌货便是买货人，当客户对你的产品、服务开始挑毛病的时候，就是客户想买单的时候。

举动二，关注细节。

什么叫关注细节？就是客户会询问产品的使用方法、注意事项等一系列操作问题，此时客户已经处于假设成交阶段，他认为，一旦成交，可能会对商品的某些细节不太熟悉，所以需要提前掌握。

比如客户说："这几天能发货吧？到时候只要通电按下开关按钮就可以吧？"

此时也是可以逼单的一个重要信号。

举动三，讨价还价。

当客户在了解了你的产品及价格后，与你讨价还价，这也是一个逼单信号。

比如客户说："支持信用卡吗？能不能再优惠点？"

这句话意味着客户已经认可该产品，只是想在价格上讨点便宜，此时也可以试着去逼单。

举动四，提出竞品。

比如客户说："××品牌比你们这个报价低很多啊。"

很多销售人员都怕客户拿竞品来对比，其实恰恰相反，当客户接触过竞品，并且拿竞品跟你的产品对比时，客户很有可能更偏向于你，此时也可以去逼单。

举动五，画大饼。

比如客户说："只要我买了，我身边还有很多需要的朋友也会来找你。"

通俗来讲，这是在证明自己的价值，让你知道跟他合作后能够得到更多的好处。这也是一个逼单信号。

举动六，当场问朋友。

当客户有这一举动时，大概率是想要成交，因为当一个人有强烈购买欲望的时候，他往往更希望得到别人的认可。

比如："你觉得我看中的这块手表值得入手吗？"

这也是一个可以逼单的信号，但在此补充一点，当他拨通朋友电话时，你最好争取由你来向朋友讲解产品，因为更专业、准确的价值传递才更容易成功。

在把握逼单时机时，可以多注意以上六种常见举动，如果有对上的情况，那么逼单技巧该用上了。当然还有很多客户的其他举动也预示着可以逼单，在此不一一补充。

5.2.3 看高手如何无痕"逼单"

"为什么我的客户经常被我'逼单'逼走了？如何才能提高'逼单'技巧？"很多销售新人都问过我类似的问题。

的确，客户最怕被"逼单"，销售最大的障碍也是"逼单"，所以也确实需要掌握一点技巧。但是，在此有必要提醒销售新人：

第一，一切技巧都是基于真诚之上的，如果不能站在客户角度替他着想，学习再多技巧，最后的结果还是不成交。因为客户远比你想象的更加聪明，有时过多的技巧反而会让他们觉得你不够真诚。

第二，逼单能否成功，关键在于对于客户的"痛"与"急"，你是否能拿捏准。所谓"痛"，就是这个东西对他的必要性，亦即若不买，则会有不好的后果；所谓"急"，就是购买的紧急性，此时不买就来不及了。拿捏准"痛"与"急"，也就拿捏准了客户的购买欲望。

你再看看身边那些让你看不到任何"逼单"痕迹的销售高手，他们一定深谙以上两点，然后再用他们所擅长的"无招胜有招"去促成每一笔订单。

高手方法一：不要逼迫客户做决定

真正的逼单绝不是逼着客户做决定，生硬的"考虑好了没有"给客户的感觉一定是你在逼他做决定，强迫他合作，简单而强硬的方式换来的只会是客户远离你。面对客户犹豫不决，不妨试试协助客户去考虑。

场景

近期我想做一次短途旅行，便在几个旅行电商平台询问了相关的服务套餐，之后决定好好筛选下再做决定。起初几家机构的销售跟进比较频繁，每天都会在简单的问候之后问我考虑得怎么样。其实说实话，我因为有点忙还没有好好筛选考虑。但有一家平台给我的印象很深刻，负责对接的销售并没有问我是否考虑好，而是针对我想去的几个城市，为我做了详细的规划和分析，从当地的气候、饮食、民风民俗等给了我非常详细的分析和建议，甚至将一些待开发的小众旅行地也分享给了我，让我参考之后再做决定。在大致看了这些资料后，我最终决定在这家机构定购套餐，因为他真正考虑到了我所考虑的问题，并且已经将我关心的问题一一列出，并且给了详细的旅行攻略，整个过程都在协助我去参考，而并没有催我做决定，这一系列举动让我感到非常舒适。

以上案例证明，不去逼迫客户下决定，而是协助客户多考虑，其实也是一种有效的逼单方式。

高手方法二：强调紧迫与稀缺

所谓紧迫，是指客户现在合作的好处与不合作的坏处各是什么，通过分析，让客户真正感受到紧迫感。所谓稀缺，是指目前我们的促销方案优惠力度很大，客户如果错过这次机会，以后将很难遇到。

　　某爱美女士看中某医美机构的一款黑眼圈修复项目，但因为价格不菲一直还在考虑中。客服人员在跟进过程中告知客户，根据她眼部的具体情况，必须从改善眼周循环和减少胶原蛋白流失这两方面加以治疗，并且宜早不宜晚，否则随着后期眼周色素沉淀加深，将只能通过外科手术才能彻底祛除，这将花费更多的时间、精力和费用。之后，客服人员又将公司仅限本月的优惠活动截图给客户看。客户仔细思考后最终决定马上治疗。

　　为什么客户会合作？因为现在合作能尽早祛除黑眼圈，再拖下去黑眼圈只能依靠手术解决，这是紧迫性；现在合作有优惠，下个月再想做这个项目价格会更高，这是稀缺性。这就是利用紧迫性与稀缺性促成签单的典型案例。

　　高手方法三：运用收回策略

　　在逼单过程中，如果遇到出尔反尔的客户，价格收回策略也是常常被用到的一种方法。

　　早年我自己谈单，经验尚不丰富，遇到某客户称"打个八折我就跟你合作"，但是当我将折扣申请下来时，客户又反悔说："你再便宜一点就合作。"客户的出尔反尔让我很恼火，心想这个客户肯定不是诚心想合作，于是不愿多费口舌，假装又去跟领导申请，并回复客户："抱歉，目前的优惠活动没有了。"此时客户着急了，称不管优惠有没有结束，之前答应给他的八折报价都不能反悔。最后这单以我起初报的八折成交。

这就是价格收回策略，在你报出那个优惠价后，作为客户，他一定不愿意再接受你突然恢复原价的情况，所以他一定会掐着你之前报的那个价格不肯放，而如果优惠活动结束，你能给他维持原来的报价，对他而言就是捡了大便宜。不过，这个技巧仅限于那些在你报完优惠价格之后出尔反尔得寸进尺的客户。

高手方法四：服务先行催尾款

客户交了订金，迟迟未付尾款怎么办？为了避免夜长梦多，必须尽快将生米煮成熟饭。但催尾款也是个非常考验技术含量的活儿。

=== **场景** =======================================

几个月前，我遇到了一位质量很高的客户，他是某企业的决策人，整个谈单过程非常顺利且愉快，我对他公司的情况也掌握得比较全面。不久前他与我约定，月底请我到公司为职员做培训，但是眼看月底将至，他虽然交了订金，却迟迟没有打尾款，我也没有再跟进。我有我自己的月计划，所以必须要确认这个单子最后的结果。于是我快速做好了关于这个培训计划的资料，并将所有合作能够带来的价值一一列出。

我致电客户："李总您好，您这个培训计划的框架我已全部梳理好，您看什么时间方便启动？一来我好做计划，二来您那边先有个准备。"

对方很快回复："你不提醒我差点给忘了。培训越快越好，时间你安排，还有尾款多少我给您转过去。"

在面对客户付了订金，但是并未支付尾款的情况时，很多销售人员都会有忐忑之心，担心客户反悔，但是又担心逼单方式不对会遭到客户抵触。这种情况，不妨试试先将合作之后的价值呈现给客户，最直观的价值便是服务先行。这种方法一方面温和地提醒了客户需要付尾款，另一方面则进一步淘汰了最终不会合作的客户，从而提高了"逼单"效率。

高手方法五：共情

所谓共情，即用真诚感染对方，让对方感同身受。

场景

曾经我们谈单面对的很多客户都是销售出身，而这些客户喜欢在我们月底冲刺需要逼单的时候说："下个月吧，现在不着急合作。"但我们此时逼单的目的往往是冲刺本月销冠或者完成本月任务。所以这个时候，我会坦诚而温和地告诉他："李总，今天合作或者下个月合作对您毫无影响，但是对我的影响非常大，我想冲刺本月销冠。"甚至我会截取公司的一些氛围图或者通知给客户看。客户听完看完，往往会本着"照顾你业绩"的想法，签下这个原本他计划在下个月再签的单，因为对他而言，早晚合作的影响不大，但是这些销售出身的客户，很容易对你的坦诚"求助"产生共情。记住，不要掺杂任何别的心思，务必将所有关于优惠以及服务内容方面的实情告知客户，这样他会很愿意帮助你。

这种情况也叫逼单，但是你会发现整个逼单的过程既会让客户感同身受，而且还很自然，不会让客户觉得不舒服。

高手方法六：引导客户做选择题

客户为什么迟迟不成交？他在犹豫什么？只有当客户自己说出他所考虑的原因时，你才能对症下药去"逼单"，才有成交机会。但如果客户未主动说出原因，那么你该怎么办？

真正的高手往往擅于自编、自导、自演引导客户做选择题。在与客户正式交谈前，你需要总结出所有可能影响客户成交的因素，也许服务，也许价格、也许不着急合作、也许担心产品质量……之后你要做的，就是将你列出的因素供客户选择，让客户选出他不合作的原因。比如"我知道您是有疑虑的，如果您是担心我们的售后服务，那我给您看看我们之前合作的案例，看看客户对我们的评价……""如果您现在不合作的话，可能会对公司产生非常不利的影响，我简单给您说下目前合作能给您公司带来的好处，以及您如果错过这次机会将给公司带来的损失……"

当你自编、自导、自演，一步一步引导客户选择的时候，他的内心一定会有感触。高手们会让客户逐步信任自己，并一步步进入到自己设定的问题中，通过一连串的问题，客户对自己的需求越来越清晰，对产品的兴趣也越来越浓厚，最后的成交自然水到渠成。

高手方法七：由结果倒推

何谓倒推？就是站在客户角度，引导他从将来的角度看现在，以未来可能出现的结果为依据来决定现在的规划。

— **场景** —————————————————————————

比方你去健身房办卡，唯一的目的是快速减重，期望能在三个月内瘦身 15 千克。现在销售正在与你交谈，说：

"我可以向您保证能够成功减重 15 千克，但并不建议您三个月之内完成，因为这样快速瘦身会导致皮肤松垮，整个人的状态不理想。最合理的规划是 6 个月，平均每月减重 5 斤，有氧无氧相结合，这样您的皮肤弹性和肌肉状态都可以达到最理想的效果。"

听完他的专业建议，你内心的想法一定是循序渐进分阶段瘦下来更妥当。

紧接着销售人员会告诉你，若想达到这个效果，最好现在就行动，今天办卡明天开始锻炼，有氧无氧相结合，这样在 6 个月后，你不仅能够拥有理想的身材，而且还有着健康饱满的状态。

如果你不仅想瘦身，而且想保持良好的身体状态，那么我想这名销售的话你是听得进去的。

以上七种，便是销售高手们常用的逼单技巧，当然针对不同客户还有其他对应技巧，在此不一一补充说明。

总之需要记住，真正的逼单，并非催促逼迫客户下决定，而是要协助客户多考虑。高级的逼单也绝不会表现出太多的目的性，恰恰相反，高手们从不将逼单作为直接目的，却总能在无形中让自己的建议如春风化雨般促成每一笔订单的签成。原因显而易见，因为高手总是带着信心与勇气去锁定逼单信号，用温和的方式协助客户做选择，并且时时刻刻用利他思维、站在客户的角度去考虑并解决问题。

第 6 章

成交是客情的开始

导语： 没错，成交只是开始，你却误以为成交等于成功。优秀的销售人员必然懂得成交之后的"客情维护"是进阶销冠的关键因素。服务无形但价值有形，所谓客情，也像爱情，需要双向奔赴。它既不是成交后听之任之与客户随缘往来，也不是挖空心思一味讨好客户或单方面给予关怀，而是你与客户在成交之后继续保持的良好关系。关系好了才有转介绍，"下次再来"与"口碑相传"有时胜过你去开发双倍的新客户，但看似顺理成章的转介绍，实则涵盖服务满意度、客户心理、操作效率、推销能力等多方面的因素。本章我们将重点聊聊"客情"与"转介绍"的秘密。

6.1 客情的另一维度

6.1.1 双向奔赴才是客情

凡做销售，嘴边必然常挂"客情"二字，何为客情？人非草木，有情有义。当客户在服务中感受到销售人员所带来的价值时，必然会产生好的体验感，从而用认同的情感去促进双方更进一步的合作，而这种延续合作就是在良好的客情基础上产生的。良好的客情既是你顺利服务的基础，也是客户愿意将你推荐给别人的前提。客情如此重要，但在销售过程中，仍然有很多销售人员将客情浅显地理解为多给客户送关怀，却不明白真正的客情实际是与客户相互"搞好关系"，而这种关系，必须是以共情为基础的"双向奔赴"。

=== **场景** ===

某产后康复中心调理师 A 对每一位客户都"关怀备至"，成交后，时时向客户发信息嘘寒问暖。即便如此，她依然沮丧地发现，自认为牢不可破的关系还是破了。这是为什么呢？因为她只是一味地"搞关怀"，却没有给客户"专业"的帮助，或让客户有"暖心"的感觉，所以曾找她合作的不少客户在生二孩需要修复时，还是选择了别的机构。A 后来才知道这些客户有的在生第一个孩子时患有产后抑郁症，有的曾经历各种身体上的不适……但很遗憾，销售人员对此全然不知，这些客户从该机构得到的只是可有可无的信息，而不是在康复期可以陪自己说说话，给自己打打气，哪怕是再稍微专业一点、对自己再关心一点的销售顾问。

这就是很多销售人员的误区，他们认为成交之后发发信息便是客情维护，实则不然，好的客情关系需要你用心去培养，需要你与客户密切互动，而非你单方面给予自认为很好的服务。单方面的服务只代表你的关怀，关怀到位，客户顶多觉得你是个不错的人，你这公司还不错；关怀不到位，你将很难有机会再为他服务。

判断客情是否维护到位，你应该认真考虑一个问题，那就是"我到底有没有走进客户的内心，自始至终是不是只是我自己'一厢情愿'？"

━━ 场景 ━━

某地区教辅图书市场竞争激烈，A是一名教辅图书销售员。当他费九牛二虎之力签下小小一笔订单后，发现对接的负责人很冷淡，电话信息总是不冷不热，任你多么热情，对方却总给人一种疏离的感觉。A心想，照这样下去，来年订单恐怕没有希望了。正在一筹莫展之际，他发现这名客户对碑帖十分感兴趣，便断定该客户是一名有着一定内涵和艺术品位的人，刚好自己小时候对书法有一定涉猎，于是详细了解了许多关于碑帖方面的专业知识，并将这些知识分享给了客户。这令客户十分欣喜，觉得茫茫人海中遇到了知音。当A向客户请教碑帖的相关知识时，客户受宠若惊，从传拓方法到价值鉴定，客户知无不言，同时客户也渐渐向 A 请教起了教辅方面的相关内容，一来二去，两人很快成了交心的好友，所谈也渐渐不再局限于工作层面。接下来的几年，他们一直都保持着亦师亦友的合作关系。

客情需要销售用心去维护，生硬地搞关系是万万不行的。对于客情的延续，关键在于你与客户是否能够真正"交心"，这种交心，是指你与客户在某一领域互为人师，相互之间既聊得来，而且彼此感觉都很专业，它是你们在工作、产品、业绩之外建立的一种情感，这样的客情才是高级的客情。

客情还有一种理解，亦即与客户培养感情。培养感情不能仅靠成交之后频繁的联系，而是要真正建立并且捍卫你在客户心中的地位，这种地位的建立并不在于你的产品多好、服务多棒，因为这些都是公司赋予你的"分内之事"。真正的客情，恰恰产生于一些"分外之事"。并且永远记住，好的客情是建立在"双向奔赴"基础之上的，找到你与客户共频的领域，多站在客户角度考虑问题，那么美好的客情将离你不再遥远。

6.1.2　让不满意的客户更满意

什么时候客情会变糟？一定是客户对你，或者对产品、对公司不太满意的时候。相关研究表明，客户每四次购买中，会有一次不满意，在不满意的情况下，只有 5% 的客户会投诉，而另外 95% 的客户会默默地选择与其他公司或企业合作。所以请郑重对待每一位投诉你的客户，毕竟他们还在给你弥补的机会。

1. 正视客诉

很多时候，客户在投诉时会情绪激动、愤怒，甚至对客服人员破口大骂，这样心境欠佳的状态，看似是客户需要发泄心中怒火，实则是缺乏安全感的一种表现。此时作为销售的你，最该做的不是去解释，而是努力去理解。这就好比当你与他人沟通时，分贝突然间加大，情绪也变得激昂，有时也许仅仅源于你觉得对方不够理解你。客诉同样如此，"不被理解"是不满加剧的主要原因。

═══ **场景** ═══

某人在某平台购置了一款新键盘，但使用过程非常不顺畅，便找到平台要说法，平台将客户交给了专门的售后部门。

客户：你们这是什么冒牌货？为什么我的键盘一直连不上电脑？

客服：是不是您的电脑没有开蓝牙？

客户：开了，反反复复试了好几次都不行。

客服：那是不是您的电脑有问题？

客户：我的电脑刚刚都在用，能有什么问题？反正现在键盘就是连不上电脑，一大堆文件还等着处理呢。

客服：我们的产品都经过了出厂检验，不可能出现这种情况。

建议您再多试几次看看。

客户：我再多试几次又有什么用，肯定还是连不上，太耽误事儿了，退货吧。

客服：非常抱歉，没有质量问题我们无法受理退货。

客户：你不给我解决问题，还不让我退货，卖完东西就不管了，哪有这样的？我要投诉你们。

当客户买了某样产品后期出现问题的时候，完全有理由不满。此时对于客户的问题，客服应积极重视并努力给予解决，而不是反驳或者质疑客户的问题。如果销售人员面对抱怨或投诉，不仅不认同，反而将原因归在客户身上，那么会使得原本就因为产品出现问题而没有安全感的客户，更加确定你在敷衍和狡辩，这种情况下客情变坏也是理所当然。

场景

A趁假期带着家人去海边度假。在入住酒店时发现酒店房间配备的泳池在上一位客户离店后没有清理，孩子吵着要换酒店，A也觉得十分扫兴，便将投诉电话拨到了前台。

几分钟后，酒店经理亲自回了A的电话："A先生，谢谢您专程打电话通知我们泳池未及时清理，让我们能在第一时间处理。我知道您之所以选择来我们这儿，很大一部分原因是因为我们配备了无边际泳池，但现在却因为我们的失误给您带来了不好的体验，实在抱歉。"

A见对方诚诚恳恳地道歉，怒火瞬间消去一半，说："确实很扫兴啊，孩子好不容易有几天假期，我答应带他来学游泳，没想到竟然遇到了这样的事。"

"眼下正值假期，这事我们比您还急。您看要不这样，接下来的几天，我给您免费升级到别墅区，那边配有同样规格的泳池，虽然不是无边际，但也是露天的，而且有单独的儿童戏水区，这样可以吗？"

孩子一听有专门的戏水区，连连点头。

紧接着经理便将泳池未及时清理的原因讲出："由于酒店系统数据延迟，导致泳池清理数据没有及时更新，才给您带来这么大的不便。不过工程部目前正在抢修，两天后泳池也会清扫干净，到时候您若想再调换房间，我们再给您调换，您看可以吗？"

"也只能这样了，就依你说的来办吧。"A回答。

客户抱怨时多数情况会带有情绪，面对气头上的客户，销售人员要认真倾听、表示认同，真心实意地从客户角度出发，想客户所想，急客户所急，用委婉的语气创造一个和谐的洽谈环境，这样即使是你方的责任，客户也能在一定程度上平息怒火，之后再给出解决方案，并对出现的问题做进一步解释。

处理客诉时，"对不起"并不代表你真的做错了，而是表明你对客户此时的心情非常理解，这样做既缓解了客户的情绪，同时也便于将他的思绪引向解决方案。所以处理客诉可总结为以下三步：

首先，不着急解释。解释会让客户觉得你并不理解他此刻的感受，从而延续不满。应该先与客户共情，了解客户抱怨的原因及认同他的情绪。

其次，给出有效的解决方案。与客户争论对错无意义，重要的是让客户的问题得到快速解决。

最后，得到谅解后，解释问题产生的原因，并且告知客户解决进度。此时的解释是为了让客户对这次合作更有安全感，进而使合作关系在一定程度上得到修复。

以上三步切忌颠倒，否则你的客情还会打折扣。

2. 祝福短信差异化

做销售离不开客情，做客情免不去祝福信息。每逢节日，销售人员都需要给客户发送祝福短信，不论该客户重要与否。祝福信息发得好，客户会欣然接受并感谢你的祝福，祝福信息没发好，客户会觉得是一种打扰。

同样是发信息，你在做的同时，别人也在做，要想行之有效，必须谨记差异化。以下是祝福信息不落于俗套的要点。

（1）让客户对你有印象。人往往对与自己相关的事情比较感兴趣或者更容易留有记忆。如何让客户对你有印象？可以列举你们第一次见面的时间、地点或比较特别的场合。

比如：×总，中秋快乐，您是我的第一位客户，犹记得初次见面我还是个初出茅庐的小代理，在骄阳似火的夏日里，谢谢您给我第一份鼓励，也感谢您一直以来对我亦师亦友的关照。

这样一条祝福会让客户觉得，他像一份礼物出现在你的生命里，除了自己有存在感外，也会觉得你是个特别用心的人。

（2）有情感、有温度。所谓温度，是让客户感觉你不是个冷冰冰的销售员，所以祝福信息一定不能沦为不走心的"范本"。

比如：愿你的生活喜气洋洋，满面阳光灿烂，爱情扬眉吐气，事业洋洋得意，晦气扬长而去，万事阳关大道。××公司××敬上。

这种信息只会让客户感受到打扰，纵使辞藻再华丽，对客户而言意义也不大，这样空洞的祝福只会让他感觉对方没有诚意。

（3）有内容，有价值。你的信息最好在兼有祝愿的情况下，讲点切合实际的"好处"，比如来年能为客户带来什么新的商机或福利。

比如：×总，过去一年感谢您信任并选择我们的产品。来年我司将在原有折扣基础上，给您这样的优质老客户额外配置两套净水设备。×司员工×祝您新年快乐。

这样的祝福信息相信绝大多数客户都会感兴趣，因为对客户而言，它不仅意味着诚挚祝福，还意味着来年更优质的合作。

（4）有具体称呼并将称呼前置。不论对方处于何种职位，是何身份，在发送祝福时一定要有具体称呼，并且要将对方的称呼放在信息最前面。

比如："×总，新年快乐"一定比"祝您生意兴隆通四海，财源广进达三江"更能让对方感受到你的诚意。

同样，"×总，给您拜年了"也一定比"祝您在新的一年里阖家欢乐，如虎添'亿'"更好。

为什么？因为对客户而言，没有称呼是群发，可以是任何人，而加了称呼则代表你特意发给他，既是尊重也是在乎。为什么要称呼前置？因为有时候客户可能不会看完一整段信息，如果将称呼放在后面，那么可能全被客户忽略掉，你的"在乎"也会因此而变得无意义。

千万不要忽视祝福信息的细节，一条让客户惊喜的祝福信息，有时也能促成转介绍。

客情维护中，为什么一直在强调让客户满意？因为客户满意是提升客情的基础因素，"满意"一方面可节省维系老客户的费用；另一方面老客户在"满意"的情况下会进行口头宣传，进而带来转介绍，从而降低企业开发新客户的成本。当然，更重要的一点在于，一切销售活动均以"利他"为本，让客户满意便是"利他"的重要标准。总之，如此激烈的竞争环境之下，没有哪个企业能在客户不满意的状态下得到长久发展。

好了，当有资源的客户对你满意后，咱们接下来可以聊聊转介绍了。

6.2　转介绍的秘密

在从众心理普遍存在的当下，人们的消费决定总容易受他人尤其是亲朋好友的影响，他人的介绍对客户期望值的影响远远高于你的想象。如果客户身边的人极力赞扬，说企业或者某销售的好话，那么就容易让客户对该企业的产品或服务产生较高期望，从而产生合作。这种有效的、口碑相传的方式便被称作转介绍。

前面讲过，客户对产品及服务满意是转介绍产生的一个必备条件，但客户满意并不一定就有转介绍。你是否有此疑问？明明前一秒你与客户还在称兄道弟、和气融融的画面，只要你将话题引向转介绍，对方不是推诿就是搪塞，最后落得你铩羽而归。

问题出在哪儿呢？在期待转介绍之前，我们不妨试问自己：你凭什么值得客户将你介绍给朋友？

不知道？好，以下便是转介绍发生的五个步骤，少一步都不行。

6.2.1　第一步：超出期待

为什么即使在合作顺利、客户满意度不错的情况下提出转介绍仍会被拒？这其实源于交易双方对满意度的衡量偏差，销售人员自认为是良好的服务，但在客户看来有时也仅仅是理所当然的合格水平。换言之，是让渡价值造成了这种评判差异。付出 1 万元，得到 1 万元的回报，这是一个及格线；付出 1 万元，却有了 1.2 万元的体验感，这多出的 2000 元便是让渡价值，也即超出期待的价值。

场景

某人在某店买到自己需要且物美价廉的商品，服务人员态度诚恳热情，这是期望值内的服务。当该店负责人见客户手上物品稍重，便派一个店员将物品帮忙送到车库，这是超出期待的服务。于是某人成为这家店铺的常客。

某火锅店在高峰期为你预留了座位，且你吃到了当天不错的菜品，这是期望值内的服务。当你因为堵车来迟不得不排队时，火锅店为你提供了美甲服务，并给你孩子赠送了玩具，这是超出期待的服务。于是某人每次聚餐都来这家店。

某人在产后康复中心得到了很好的护理和修复，且该机构环境很好，这是期望值内的服务。为了留住美好时光，机构额外赠送了一张价值不菲的亲子写真券，这是超出期待的服务。于是某人向待产的闺蜜推荐了这家产康机构。

某人在 4S 店购置了一辆车，车况良好，使用愉快，这是期望值内的服务。但每逢季节交替或者天气变化时，销售顾问都会发来爱车保养技巧，这便是超出期待的服务。于是某人向正要换新车的朋友推荐了这家 4S 店。

超市店员帮忙送货到车库，火锅店提供美甲服务并送玩具，护理机构送写真券，4S店提供保养技巧，它们均属于让渡价值，亦即超出客户期待的服务。换言之，客户会觉得"这钱我不仅花得值，还白捡了实惠"，从而更容易产生好感与口碑。

想做好客户转介绍，第一步不是考虑利益，而是要想办法让客户超出期待，先用超值服务做口碑。

6.2.2 第二步：不可替代

转介绍动作常常可以发生在成交前，当然，是在你为客户提供不可替代的增值服务的情况下。对于一些高价值、甚至稀缺的商品而言，能打动目标客群的不是价格和优惠，而是不可替代的增值服务。

=== 场景 ===

某知名小众餐饮品牌，不仅菜肴精致、食客满堂，还会在一年四季推出花样百出的"飨宴"，但"飨宴"菜品只推送给 VIP 老食客，而老食客想要抢先品尝只能靠"转发分享"来换购。这样一来，食客们为了"一尝究竟"只能主动分享。

某医美机构推出一款抗皱抗衰新品，但不对外发售，只有当老客户介绍朋友过来体验时，才可获得购买的机会，并且还是限量购。求美者们为了获得这次难得的变美机会，只得纷纷介绍朋友来体验。

商品的价值来源于稀缺感，饥饿营销恰恰利用了这一点，当增值服务不可正常购买且不可替代时，消费者只能按品牌方的营销规则来获得。学会根据自己的目标客群找到自己产品不可替代的增值服务，转介绍难题将迎刃而解。

6.2.3 第三步：避免顾虑

转介绍的本质是拓展客户的社交流量，以老客户为发声口进行品牌宣传。有时有偿，有时无偿，但不管哪种转介绍形式，老客户都会面临一些心理难关，比如"介绍就给优惠，似乎我为了优惠出卖朋友""万一朋友体验感不好，会不会埋怨我""虽然我是无偿介绍，朋友会不会误以为我拿了好处"等。

免于顾客心理负担，常见的模式就是多人拼单。电商平台"拼多多"便是典型的客户自主决策型转介绍，它的下单模式是由意向客户发起某款商品团购，商城内的其他意向客户看见有折扣的商品，便根据自身情况，自由选择加入或者不加入团购。不论拼单是否成功，商品发起人都能获得小小的奖励。拼单以非强制共赢的合作模式将销售者、消费者、潜在消费者三方转变为利益共同体，被动变为主动的同时，也能快速锁定潜在顾客。这种拼单模式，因为不存在强制推介，并且参与人完全有自主选择的自由，所以很大程度上可以降低发起者（介绍人）的心理负担，从而增加多次销售机会，达到完美的转介绍效果。

诸如带着朋友一起来参会也是一种转介绍形式，当好友被客户邀至现场，其实最终是否购买的决定权在于好友自身，这样一来，只作为邀请人的客户便不必承受更多心理负担。所以在做线下销售活动时，可以让客户邀请好友来参加，并酌情给予客户一定优惠。

这就是转介绍的第三步：拼单共赢，决策前置，再好的朋友也不用为他人的决策背负压力。

6.2.4　第四步：降低难度

很多销售人员通过营造口碑成功迈出了"转"的第一步，不料却倒在了"介绍"的第二步。而客户的感激和热情被浇灭的主要原因，便是繁杂的产品介绍和流程。

=== **场景** ===

某人在某会所做完一套全身 SPA，感受很好，不吝给予好评，付款离去时，店长请求帮忙转发做推介，某人爽快答应。但是店家给的推广平台操作流程很复杂，需要先下载 App 应用软件，然后实名登录，再拍照附上 100 字以上的好评内容。当进行到第二步时，客户因为流程太复杂且浪费时间最终放弃了进一步操作。

═══ 场景 ═══

某新店正在做线上推广，每一位到店消费的顾客只要上传图片到朋友圈转发集赞便可获得代金券若干，集赞越多，代金券数额越大。而转发的文案及图片素材都由店家准备好，顾客只需要上传店家给的图片，然后一键复制文案转发即可。文字内容清晰，图片附有水印，一经转发便可清楚根据定位查到该店铺所有信息。客户在结完账后，只需要扫码领取图片和内容就可以，操作高效快捷，于是顾客排着长队等着扫码转介绍。

当分享变得很难时，拒绝成为理所当然。转介绍的核心目的是让产品获得更多曝光机会，而这个曝光机会完全来自介绍人，上面第一个场景中的转介绍动作具有一定的复杂性，所以顾客很难耐心完成烦琐的流程，结果必然不理想。而第二个场景中的商家显然深谙转介绍的重点，当他们要求客户转发好评时，会将转发内容和专业素材准备到位，这样做一方面降低了客户的转发难度；另一方面这个客户的"举手之劳"能更专业地将产品优势展现出来，用简单的方式精准传递了产品优势，这才是高效的转介绍。

每一次分享都是难得的锁客机会，别让繁杂流程成为转介绍的障碍。这就是转介绍第四步的核心：将分享流程做到简单、简单、再简单。

6.2.5　第五步：主动要求

在请求客户帮忙转介绍之前，最好试试主动去要求。方便的话，最好请求客户将朋友的联系方式给你；如果不方便，就询问客户是否方便现场给朋友打一通电话；如果现场不方便打电话，再请客户私下帮忙转介绍。这样既可确保成功率，又能减少对方的麻烦。

━━ 场景 ━━

我刚做销售时，在一次合作后需要进行售后二次拜访时，见客户对公司和我都十分满意，便怀着忐忑的心情，第一次试探性地主动要求转介绍。

当时我问："× 总，您有没有其他朋友可能也需要我们的服务？如果刚好有的话，您方便给我一个联系方式吗？"

客户想了想，说："好像还真有。"

我怕客户过后会忘，于是又抓住机会："您看看是哪个朋友，咱们现场可以通个电话，您介绍的朋友一律也按优惠折扣。这样，您拨通电话后，我来跟您朋友说就行。"

"也好，那我来看看。"说完，客户翻出通讯录。

那次主动试探很成功，现场一共拨出五通电话，其中三通电话对方都有意愿合作，并且后期也成功实现了合作。

即便你的产品与客情再好，客户也没有义务帮你转介绍，但是当产品与客情本身不错时，你主动要求客户转介绍，一般不会被直接回绝，万一被婉拒再去想其他办法也可以。这就是转介绍的第五步：在客情良好的基础上，主动请求客户帮忙介绍。

老客户是销售人员最值得信赖的战友，也是最宝贵的再生资源，想用转介绍走向业绩辉煌的"分水岭"，就一定不能忽视以上五个步骤。假如你是客户，当你遇到一件自己中意的产品时，客服告诉你，只要一键转发分享给需要的人，你便能获赠一件限量不卖的品牌定制礼品，与此同时，他还会利用拼单团购的机制为你解决后顾之忧，这时你还会拒绝转介绍吗?

第 7 章

平凡不平庸

导语：至此你已明白，世上不存在天生的销售精英，任何一位销售精英的成绩都是专业、心态、阅历、眼界、行动以及思想的总和。能否做好销售，适不适合做销售，也不取决于一朝一夕。除此之外，你更需要明白，既然你认定这个行业，就必须切断一切后路，接受迎面而来的种种挑战与困难，学会自我赋能，不断适应新形势，时刻准备脱颖而出。

7.1 销冠必修课

7.1.1 销冠必懂的细节

一家风味较好的地方特色美食馆，换个城市开分店，依旧会好评如潮；一个蜚声某行业的电子品牌，就算开发新领域的产品，发烧友依然会对该公司的创意充满期待；一名销售冠军，换了一家公司，甚至换了行业，依然可以蝉联销冠宝座。为什么？因为各行各业的销售有着共通之道，精英们总是更了解行业的底层逻辑，经得起这些简单的"跨界"测试。当然，成功的背后一定还有许多日积月累的、不被你察觉的细节。尽管在前面的章节我们已经详细讨论过如何漂亮开场、有效跟进、适当逼单以及维护客情，但不免还有一些细节容易被忽略。

1. 一句话的穿透力

有言语天赋的人往往能将平淡的话语讲得非常吸引人，而口笨嘴拙的人常常会将很好的一件事情讲得索然无味。作为销售人员，好的嘴皮子虽然不是成单的唯一途径，但也不可忽视它的穿透力。你可能不曾发现，在介绍产品时，激发客户做决定的，有时只是一句话的事。

场景

有 A、B 两款轮胎，A 低端，B 较高端。销售人员当然希望顾客购买高价的高端轮胎，但不同的语言表达会有截然不同的效果。请看以下四位销售人员的表达方式。

第一位详细介绍了两种轮胎的材质、价格等基本信息。此时客户很可能会选择那款便宜的轮胎，这是因为客户在销售人员的介绍中根本听不出这两种轮胎的好坏区别，因此也基本不会去选贵的那种轮胎。这种销售方式很失败。

第二位销售人员在介绍轮胎基本信息的同时，把两种轮胎的优劣势做了明确对比，比如二者的更换时间、耐磨程度、修补成本等。此时会有一小部分客户选择价格稍高的轮胎，因为客户心里有了关于性价比的对比，这种介绍方式稍稍优于第一位。

第三位销售人员除了介绍基本信息、对比优劣势之外，还将轮胎的使用场景形象地描绘出来了。比如："使用好的轮胎，在并线拐弯时不易打滑，会使操作更稳定。"此时，会有更多客户动心于稍贵的那款轮胎，但这依旧不是最好的效果。

第四位销售人员在介绍基本信息、做了优劣对比并且进行了场景描述之后，紧接着说："本市冬天路滑，据统计，本月60％的交通事故都是由劣质轮胎引起的。"此时相信客户都会毫不犹豫地选择高价位轮胎，为什么？因为好处如何暂且不说，客户脑海此刻回想的一定是"如果不买高端轮胎"带来的种种坏处，这种能感受到的坏处已经成为他决定买哪种轮胎的主要因素。在推销高端产品时，举例讲出坏处，这无疑是最成功的一种介绍方式。

试问如果你是购买轮胎的客户，这四位销售人员中，哪位会让你有更高的购买欲望？答案显而易见，一定是第四位，并且我相信，这四位销售人员中业绩最好的也一定是他。第四位销售员并没有强行推介，但客户却因为他的一句话、一个关于"使用劣质轮胎造成灾难"的统计数据，做了购买高价轮胎的决定。看似只是一句话的事，但又不仅仅是一句话的事，你明白了吗？

销售语言本身就是一门艺术，但会不会运用这门艺术为自己加分，完全取决于个人。初级的销售只会介绍产品的功能、工艺和价格；二级销售懂得分析产品优劣势；三级销售能够描述场景带来的价值；只有高级销售懂得"威逼利诱"，他们在告知客户好处的同时，也会适当证明失去产品的坏处。所以，学会用语言去推销，有时你与销冠之间只差着一句话的距离。

2. 地推需要"深耕细作"

很多销售至今还在混淆地推与陌拜，许多行业，尤其是互联网行业的销售人员，他们所谓的地推模式仍旧还在重复着陌拜的动作，比如大街发卡、疯狂扫楼等，其实真正的地推是一套完整系统的深耕细作的销售方法。如果将地推过程用农户种田来比喻的话，可以形象地将其概括为分田、松土、播种、育苗、收割、肥田这六步，少一步都不算完整的地推。

在我从事 SaaS 相关工作时，手下员工地推用的基本都是"耕作六步曲"。

下面就以我们对美容院的地推案例做一个说明。

第一步，我们先确定并统计需推广的区域有多少家美容机构，之后我会给每一位员工"分田"，一人负责一个片区，然后每天拜访 10 家，一周内完成。之后，第二周再重复拜访。按固定区域划分片区来地推，而不是漫无目的地今天跑望京，明天跑国贸，这使大家在"分田"阶段就已经明确自己将要去哪些片区"耕作"了。

　　第二步，员工被分到对应的片区后并不马上去推广，而是要花几天时间四周去逛一逛，了解一下该片区美容院的档次、特色、位置等，这一阶段就好比"松土"，植物的生长需要土壤中含有足够的养分，地推也一样，对地推对象了解得越充分，后期谈单也会更顺畅。

　　第三步，几天后，各片区员工开始正式拜访客户，因为上一阶段已经对各自负责的片区美容院有了一定了解，所以接下来的推广也更有目标性，见到负责人的概率也会更大，有时一天就能轻松拜访十多家。大部分负责人在这个阶段已经对我们的员工有了不错的印象，也对我们的服务内容有了一定的了解，这个"播撒"价值的过程就像"播种"。

　　第四步，员工在见到负责人、传递过价值，并且初步判断对方有意向后，开始悉心"育苗"，进一步去谈单，根据不同美容院的意向合作程度选择不同程度的跟进，以及对客户提出的问题一一解决。育苗阶段的主要任务在于把客户变成意向客户，由不确定状态逐步进入待合作状态，此时凸显自己的优势尤为重要。

　　第五步，当跟进得差不多后，员工就可以根据客户的不同情况酌情压单了，这个阶段该签约的签约，该合作的合作，因为前面工作做得比较充足，所以"收割"也是水到渠成。

第六步，成交并不代表一个单子已经完全结束，售后服务也很重要。我们的售后服务就曾得到过很多好评，并产生了大量的转介绍。农户收完种子若不做好"肥田"工作，会使田地荒废，不断维护保养这片土地，才能保证来年又是个丰收年。我们也一再强调，在"肥田"阶段，员工一定要把售后做好、客情维护好，努力将利他的销售理念发挥到极致，以确保销售过程的良性循环。

如果说陌拜尚有运气成分，地推则完全要靠正确的方法和不断的努力。按以上六步去深耕细作，一定能为你免去很多弯路，而在整个过程的每一个环节中，拼的都不是运气，而是细节。除此之外，地推还要具备"媳妇熬成婆"的精神，也就是要拥有超常的毅力。

3. 拥有不被屏蔽的朋友圈

越来越多的销售将自己的朋友圈当卖场，但同样是卖东西，有的人卖得风生水起，有的人却惨遭屏蔽。做销售的被屏蔽，也正常，之所以这样，一方面与客户对销售"先入为主"的偏见有关，大家会觉得一名销售的朋友圈肯定会不停地推销商品，想方设法赚我的钱，我不看就是；另一方面则是因为有的销售人员在加完好友后，开始"放飞自我"发广告，这些广告对朋友圈好友而言，既没有明确价值，也没有生活气息，一开始也许只是客户会反感，久而久之亲戚朋友也会将你屏蔽。

就没有办法打造一个既不会被屏蔽，又兼具推广功能的朋友圈吗？

有。记住以下五点。

第一，多分享合作状态。尽可能在朋友圈分享一些合作案例，哪些客户与你合作，合作效果如何等。从客户加你为好友的那一刻起他就已经知道你是卖东西的，此时他对你卖什么已经不感兴趣，但对"都有谁与你合作"却有兴趣，尤其是当你与他们的竞争对手合作时，将更加激起客户的好奇。所以多分享合作状态，这是确保朋友圈不被屏蔽的第一步。

第二，让朋友圈言之有物，多多展示你的价值。多分享价值，少大肆吹嘘产品，让客户一眼可见你发的信息对他有用，让他感觉到你是来解决问题的，你可以带来好处，而非单纯售卖产品。什么叫有价值？比如与你合作的客户现状，合作后你给客户带来了哪些好处，这些内容一定是还未跟你合作的意向客户非常感兴趣的内容。这是保证你的朋友圈被关注的第二步。

第三，在朋友圈打造资深专家的"人设"，多发行业专业知识或内容。某个行业的资深人士往往更容易获得大家信任。卖家具的就多分享家居选购指南和家具保养知识；做育儿的，就多科普育儿知识、与孩子的交流方式等；卖画具画材的，就多分享名画鉴赏、书法绘画基础；而服务行业，则可以多分享有趣有料又暖心的买家故事……不过，如果你的"人设"是资深专家，却将朋友圈当成自己的讲台，自说自话、自吹自擂，那也只能等着被屏蔽。

第四，让朋友圈有生活、有趣味、有温度。试想一下，谁会喜欢那种冰冷的营销机器人？谁不喜欢那些有趣又有温度的人？建议偶尔发发自己的业余生活，可以是一个加班小插曲，也可以是某件快乐的事情，又或者是一个有趣的段子，总之，起码得让客户在刷到你朋友圈的时候有一丝丝触动。

第五，发朋友圈控制频率。不论在朋友圈分享什么内容，千万不要一发好几条。如果实在要更新，请酌情先删除上一条信息再覆盖，因为当客户翻朋友圈的时候，一看满屏都是你，这该有多乏味啊。

你可以去看看那些销冠的朋友圈，展示的一定是一个有血、有肉、有趣，既能解决问题，又有价值输出的人，而不是每天只知道发广告的销售机器。试想，如果每一条朋友圈后都跳跃着一个有趣而能为自己带来价值的灵魂，每一则广告链接背后都隐藏着一缕鲜活的、被需要的烟火气，你的朋友圈还会被屏蔽吗？

7.1.2 怎样才算高情商

说到为人处世、待人接物，很多销售的第一反应是要做到"高情商"。在职场，领导总是更愿意重用那些情商高的下属，同事也总是愿意与那些情商高的伙伴共事。你有没有想过，为什么大家都更愿意和情商高的人共处？反观现实中，很多在业务上成功的销售却因为"情商低"最终落得一个遭人"嫌弃"的下场。那么问题来了，在与领导和同事的相处中，什么样的表现才算是"高情商"呢？

1. 高情商的销售只补台不拆台

员工 A 工作也算尽心，尤其爱提意见，但他多数时候不是在会议决策阶段提出，而是每次方案确定并进入执行阶段后他才"马后炮"，提完意见他自己也给不出更好的解决办法，如此一来，项目无法正常推进，为此经常搞得领导难堪、同事埋怨。

记住，意见要提，但要掌握正确的时间和分寸。在决策阶段一定要多动脑筋、参与决策、勇于提意见，这叫"补台"，这样的员工是企业需要的得力干将；一旦项目决策被确定或者项目已经进入执行阶段，此时如果再提一些对项目进展无益的意见或者夹杂个人情绪来反对，这叫"拆台"，这样的员工是给项目拖后腿的"害群之马"。

2. 高情商的销售懂得向上管理

══ 场景 ══════════════════════════════════════

A 入职以来总是一个人默默努力，工作方面遇到问题也不太与领导沟通。理由很简单，一方面试图自己解决，另一方面不敢找领导开口，怕领导认为自己"很笨"。错误的努力方向和方法导致其业绩直线下滑，他却不知道问题到底出在哪儿。实际上，该司领导非常热情耐心，但公司员工太多，领导不可能照顾到每一位员工的感受，久而久之，A"郁郁不得志"，最终离职。

B 刚入职不久，常常被老员工恶意撞单，不仅业绩受损，还被领导误解没有努力去压单。于是，B 主动找领导沟通，将同事恶意撞单的事如实告之领导，还说出了自己对这个事情的理解，并最终给出解决方法。领导经过求证后给该部门制定了新的竞争规则，就这样新员工被恶意撞单的问题迎刃而解。这件事情后，领导对 B 也有了新的认识。

记住，向上管理是高情商销售人员必备的技能。遇到问题，要勇于找领导沟通，在沟通时要注意只说事件，不带情绪，不要旁敲侧击，因为领导没时间揣摩你的心思。及时有效的沟通会营造出良好的工作氛围，而一味忍受和朝着错误的方向盲目努力只会南辕北辙。

3. 高情商的销售懂得"走心"赞美

同事开单你怎么去夸他？随口一句"你真棒"可能只是敷衍，但你如果夸他"判断意向客户很准，服务意识特别强，逼单技巧也很绝"，那么对方收到赞美的感觉一定不一样。就好比你夸别人"好看"，可能对方毫无感觉，但你如果夸得具体详细，比如"你最近的皮肤比以前更好""黑眼圈怎么完全不见了"……对方一定不会质疑你的真诚。所以，高情商的销售人员在夸奖别人时，懂得提取亮点，走心去夸，字字句句都能让人感到如沐春风般的舒服。

4. 高情商的销售懂得"筛选"共事者

所谓良禽择木而栖，销售工作，极重协作，不论对内对外，志同道合的伙伴才能营造良好的向上氛围。所以好好工作的前提是，甄别并筛选出那些可以共事的伙伴。

三种领导不能要：不在乎员工利益的领导；处理事情不公平的领导；人品不正的领导。

三种同事要远离。

（1）充满负能量。这种同事身上似乎总带着阴谋论，有他在的地方是非多。

（2）玻璃心。职场不会一帆风顺，玻璃心的他动不动会让你想打退堂鼓。

（3）执行力不强。不论是自己分内的任务还是答应帮同事的事，总是说一套做一套，永远是思想上的巨人，行动上的矮子。跟这种人共事永远别想大步走。

"天下大事，必作于细。"想要成功，一定不能忽视职场与生活中无处不在的诸多细节。总之在职场中，要做到真正的高情商虽然不容易，但只要用心思考并付诸行动，你就会发现好像也没有想象的那么艰难。与其临渊羡鱼，不如退而结网，行动起来，我相信下一个销冠就是你。

7.1.3　没带过徒弟不足以"论管理"

有人曾说，销冠并不适合做管理。我认为这句话并不全对，为什么？不可否认，销冠身上确实有些特质与能力无法被复制，当他们在做管理时，面对那些与自己能力悬殊的手下，总会习惯性选择自己去冲锋陷阵，这将导致手下的人既没有办法赚钱，也会非常有压力。所以销冠就不能做管理吗？当然能，前提是学会带徒弟。

曾有幸带过几个徒弟，但很快热情便被浇灭，因为每个徒弟的悟性不同、性格迥异、潜力与行为方式也各不相同，这给我的教授工作带来不少困扰。也是从那时开始，我意识到了带徒弟其实比做业务要难，难就难在自己以为极尽完美的解决方法，根本没有办法适用于每一个徒弟。在教他们的时候，我总在抱怨，"哎呀，怎么能这样呢？明明很简单的问题搞得这么复杂！"后来在做管理的时候，我对短板理论进行了重新思考，直到这时，我才找到了解决问题的根本方法，那就是一定要将自己擅长的方法或经验做标准化处理，然后再教给这些徒弟。当你将有效经验变成标准再去交给潜质不同的员工时，那些优秀员工将从你的标准化方法里得到迭代或升华，从而变得更优秀；而那些潜力不大的所谓短板员工，或是不那么灵活的员工，用了恰当的标准化方法，也不会太差。

所以无论如何，建议未来想做管理的销售人员在个人能力达到一定水平时，一定要敢于带徒弟，因为在这个过程中，你会不断试错、不断改进，而当你能将水平参差不齐的新人带好时，做管理工作也定会轻松不少。

销冠未必能带好徒弟，但不会带徒弟的销冠，做管理十有八九也不行。越优秀的销售越要去带徒弟，为什么这么说？

第一，所有销售精英，绝大多数都会在高处重逢。而有能力做好管理的前提是，能够培养、扶持出更多与你一样优秀的员工。如果徒弟带不好，或吝啬于带徒弟，无法培养出优秀的员工，那么你必然无法成为一名好的管理者。

第二，教授徒弟的过程，一定是快速提升自己的过程。要知道，在教徒弟的过程中，你会遇到各种自己不曾遇到过的问题，此时你用什么方法去教，以什么方式协助，这对你而言是另外一种挑战和超越。

销冠要勇于去带新人，因为这不仅是利他的格局，也是个人迈向更高职业生涯的必经阶段。另外，我要与年轻人共勉，不论你在销售岗位做得如何风生水起，请一定要将晋升管理层作为最终目标。这是因为蝉联销冠仅仅代表你个人的成就，而有能力管好一支团队，不论于己还是于人，都代表着更高价值、更高能力的播撒和传承。

7.2 自我提升课

7.2.1 为自己赋能

销售一职挑战与机遇并存，充满艰辛与未知，这是一个不靠背景而完全靠个人综合能力的职业。要想有所成就，有些事情你需要在入行前就想清楚，而不能等到入职后慢慢试探，很多时候时间和精力不允许你边走边看。现在不妨先问问自己：

有没有顽强的毅力做好这件事情？

准备选择在哪个行业做销售？

凭借什么在面试大军中被一眼"相中"？

……

想清楚这些问题后再做决定也不迟。

1. 没有退路才有出路

要想成为销冠，除了时刻准备"战斗"外，还要有奋力拼搏的勇气。有时想要有出路，最好切断一切"后路"。

━━ 场景 ━━

以我自己为例，刚入职那时，我所在的公司销售人员不到 200 人。时间久了，我意外发现，每批被招聘进来的销售中，最容易离职的竟然是像我这样的本地人。那时从来没有想过为什么，自己心里只有一个念头："我一定要好好增强业务能力，坚持下去，不能轻易离职给本地人拖后腿。"一直到后来我走向管理层的时候才发现，招进来的那些本地员工之所以离职率高，并不在于工作能力和性格，而是因为习惯给自己留后路。怎么讲？他们当中有一些性格非常好，工作能力和潜质都有目共睹，但普遍的心态是：这份工作就算做不好，还能找下一份，就算待业一段时间，家里也不愁吃穿，养精蓄锐再努力也不迟，所以实在没必要把自己搞得筋疲力尽。反倒是那些外地来打拼的销售人员，他们身上散发着一种随时准备放手一搏的勇气，会在遇到问题的时候想尽办法去解决。他们常常自我调侃"京城米贵，居大不易，一旦丢掉这份工作，将会还不上信用卡，被房东扫地出门。选择了就没有退路，只能逼自己一把。"所以，是否给自己留后路，在某种程度上也会成为销售能不能坚持到最后的关键因素。

以上事例，并非地域歧视，而是旨在与"本地的"销售朋友共勉：切断后路才有出路，别说自己不行，当你无依无靠、无路可退时，你行也得行，不行也得行。

2. 销售也怕入错"行"

常被问道："哪个行业的销售最挣钱？"我一般会回答："只要你足够努力、足够优秀，哪个行业的销售都能挣到钱。"但如果你想离成功更近一些，我还会告诉你，尽量找尚处于增量市场的行业，不找已处于存量市场的行业。什么叫增量市场？就是市场在开发，份额潜力巨大，从总体看，它属于一个从无到有的过程；什么叫存量市场？即市场份额已经看得很清楚，没有多少待开发的空间，从总体看，它属于一个从有到优的过程。

举个例子，现在如果我买一部 A 品牌手机，那么 B 品牌就会少卖一部，如果我买一部 B 品牌手机，那么 C 品牌的就会少卖出去一部，所以智能手机市场就属于典型的存量市场。在这个市场份额里，所有手机品牌相互竞争价格、性能、甚至外观，如果你没有强大的背景或实力，就很容易被 PK 下去。如果回到十多年前，你会发现，智能手机是一个十亿级的市场，而且处于待开发阶段，那时虽然涌现出了大批手机品牌，但都生存得不错，主要是因为那时智

175

能手机市场尚处于增量市场。而现在随着市场的深度开发，你会发现手机市场越来越难做，很多跟不上节奏的公司早已消失，因为此时的消费者更多在择优选择。

所以在入行前，不妨多花点精力去寻找那些尚处于增量市场的行业，这样你的业绩会随着市场发展越来越好。选择一个好的起点，往往等于成功了一半。当然，如果是自己特别擅长的领域，那就要另当别论了。我个人建议有三：第一，选择互联网的垂直领域；第二，选择智能行业，亦即 AI；第三，试试新媒体。当然，以上建议仅供参考。

3. 听懂面试官的潜台词

想进心仪的公司，面试是第一关。的确有很多公司在选拔人才的时候注重面试者的简历和背景，名校光环和不错的工作履历确实会令你脱颖而出。但 HR 每天要筛选一波又一波的求职者，也许并没有足够的时间研究你洋洋洒洒的简历，这时要想给面试官留下特别的印象，就必须能够听懂面试官的那些问题。

某司招聘现场，面试官问："你没有从事过这个岗位，我凭什么相信你能胜任？"绝大部分求职者在面对这类问题时，会洋洋洒洒列出一堆未来规划，试图说服面试官。而最后被录用的，往往是那个冷静讲述自己如何在曾经的岗位中解决问题、并不断突破自我的面试者。

为什么？因为面试官对你被录用后的"纸上谈兵"根本毫无兴趣，他只是想从这个问题的答案中了解你的经验以及你是怎么胜任曾经的新岗位的，想从你的经验讲述中判断你是否具备胜任这个岗位的潜质和心态。

某司招聘现场，面试官问："如果工作中遇到能力范围之外的麻烦，你会怎么办？"绝大部分求职者在面对这类问题时，会告诉面试官自己在面对各种困难时采取的各种方法。但最后被录用的，往往是那个不仅有解决方案，而且善于在困境中调整心态的求职者。

为什么？因为面试官不仅仅想知道你用什么方法解决了问题，他更想知道在遇到未知的挑战和困难时，你会以一种什么样的心态去面对。

某司招聘现场，面试官问："你之前的业绩怎么样？"绝大部分求职者在面对这类问题时，会将自己的累累战绩如数家珍般一一列出。但最后被录用的往往是那位轻描淡写讲述结果，却着重分析结果产生的原因的人。

为什么？因为面试官根本不在乎，或者不完全相信你简历上光辉的"战绩"，他在意的是你能否准确认识自己，对于某一项任务，自己为什么完成得好或者做得不好，你能否从这些好与不好的成绩中不断总结经验，不断与公司一同成长。

不可否认，简历大部分时候会有抛砖引玉的作用，但面试官经常会提一些简历之外的问题，以此判断你是否符合用人单位的"胃口"，甚至有些面试官他们并不是想得到你对某个问题的字面解答，而是想从你的答案、你的态度中捕捉到他想了解的东西。所以，即便你有名校光环与累累战绩的加持，但若听不懂面试官的问题，那么你将很有可能掉入既定的淘汰"陷阱"中。

以上几点是每一位销售在入职前都需要弄清的问题。当今时代，每一条赛道都挤满了参赛选手，每一个人都面对着众多的竞争对手，在彼此势均力敌的情况下，你若比别人提前做了更多的准备，那么你将更有可能胜出。

7.2.2 不给自己找理由

1. 别拿佛系当借口

我不知道有多少销售是这样的：做着毫无挑战的工作，过着循规蹈矩的生活，盛压之下开始以佛系自居。所谓佛系，顾名思义就是像佛一样的思维，像佛一样为人处世。自称佛系的这类人不求输赢，得过且过，不敢 PK，毫无目标……但他们是真的佛系吗？还是所谓佛系仅仅是他们不想努力、不敢突破的借口？

（1）揭穿伪佛系

当一些佛系行为开始堂而皇之地成为很多人不去努力的借口时，那些曾经心中怀揣梦想的人，现在看起来就像行尸走肉，遇到困难喜欢将"看淡了""不重要"这些虚伪的"佛系"之语挂嘴边，而不是真正意义上的内心平和、淡然豁达。也许有人会反驳，你凭什么说我是伪佛系？很简单。

假使你每月可赚五千元，但是同样的岗位，同事稍加努力就能突破两万元；又假使公司连续两月分别发你两万元，第三个月，再去看看你能否接受薪水回到五千元，如果不能接受，那你就是伪佛系。你看，人啊，总是可以接受得不到，但难以接受得到后再失去。所以你的内心本质还是欲望强烈、渴望高薪的，只是不愿付诸努力，而用一种无欲无求的"伪佛系"为自己的懒惰找借口而已。

做销售没有佛系之说，如果要有，那也是"不成功便成仁"的了然，而非"不愿努力只想不劳而获"的堕落行为。记住，没有哪个用人单位会将前途交给一名不愿努力的"佛系"销售。

（2）为什么不PK

说起竞争，首先不可否认的是，在销售行业，有竞争意识的人往往比那些不爱PK的人更容易获得成功。为什么？因为赢者永远不想输，也无法接受自己没进步，而在这个岗位想要判断输赢和进退，最直观的方式便是PK。

A销售业绩不错，在公司也备受好评，但总是拒绝PK。一方面难扛赌输的压力，另一方面怕收入上有损失，所以干脆"独善其身"。直到公司新出政策要求每人每季度至少参与一次PK，A才硬着头皮开始挑战。但令他意想不到的是，接受PK后，自己的成绩不仅依然位于前列，而且业绩比以前更好，甚至他在这次PK中感受到了前所未有的刺激，为此与旗鼓相当的对手约定了下一次PK。

不论你是销售精英还是职场新人，我都建议你勇敢接受PK。不必担心收入会因PK带来损失，因为在PK过程中，不论结果如何，你与对手都会比之前做得更好，做得更好带来的良性循环必然是收入更高，甚至会超过PK之前，所以这种"对赌"方式，其实是一种双赢的竞争方式，何乐而不为？

真正的销售精英，不论是否身处销售体系，内心都有一把竞争之火，需要通过某种形式激励出来，当这种竞争意识被激发后，他们便会渴望 PK。所谓的 PK 其实不仅仅局限于你与同事间，它也可以是自己与自己的 PK。如今的你 PK 曾经的你，更上一个台阶，不也是一种胜利吗？所以别怕输，扛住压力参与其中，你终将体会到战胜自己的快乐。

（3）拥抱高目标

有过健身经历的朋友一定清楚，每次只有全力以赴、练到精疲力竭之后，才是快速增肌的有效时刻。销售同理，当你全力以赴、释放出最大潜力时，才是职业能力得到最好展现或收获最为丰厚的时候。但问题来了，如何释放最大潜力？最直接的方式便是给自己制订一个较高的目标。

=== **场景** ===

以前手下有个员工 A，天赋很高，业务一点就通，能力也不错，稍微努力一点，业绩就能超过大部分同事。但很快我发现，他属于那种需要别人推着往前走的类型。公司给他设定月销售额 10 万元的目标，他就完成 10 万元，设定 20 万元，他在轻松完成 20 万元后，绝不会再多去争取。有一个月，我给他的目标设定到了 50 万元，他跑来问我："经理，你给我的目标一下子从 20 万元变成 50 万元，我肯定不行啊。"我说："你只管去做，尽最大努力，目标达成后，除了提成，额外还会有奖励，没做到的话……再说吧。"

月底最后一天，他沮丧地告诉我，自己累死累活才完成 40 万元的任务。

当拿到 40 万元业绩的提成加公司额外给的奖励后，他又说："经理，你给我定的目标虽然高了点，但好像努力努力也不是没可能完成。"

我说："高目标不是为了让你一定要完成，而是让你无限接近，让你潜力得到最大的发挥。你看，多出的 20 万元销售额提成，不香吗？"

"香啊，下个月我还是想定 50 万元目标。"

于是，他在次月果然发生了翻天覆地的变化：一改往日松散的状态，时刻绷紧心弦，聚餐聚会明显减少，时不时会提醒自己"大丈夫一言既出，不能让同事看笑话"。他一心追着自己定的"50 万元"目标，不断自我激励和突破，此时的他已不需要任何人提醒便会自觉地努力完成自己定的目标任务。在这个过程中，他摸索出了更多的谈单技巧和方法，这使得后期业务做起来也越来越轻松。最终的结果当然是，他在月底达成了自己定下的目标，并拿到了更高的提成。

正所谓求其上者得其中，求其中者得其下，求其下者无所得。作为销售，设定高目标并不意味着要百分百完成，它的意义在于逼迫自己无限去接近更高目标。当你的努力有了跟踪对象，就算无法完成，也会朝着正确的方向不断努力，进而离目标越来越近。不积

跬步，无以至千里；不定目标，难以看潜力。以我自己为例，如果不是在创业的每一个阶段不断为自己的工作、生活、事业发展设定较高目标的话，那么我绝对不会拥有现在的一切。也正因为始终心怀更高的目标，所以才看到了更多维、更与众不同的世界。

去拥抱高目标，养成一个良性的、理性的拼搏习惯，这样不管是对自己，还是对公司、对家人，都只有好处没有坏处。并且你和家人未来的生活状态是格调苍白，还是多姿多彩，某种程序上也取决于你此刻的目标层级。

2. 让自己无可复制

为什么你看似努力，但结果却并不如意？那可能是你忽略了底层逻辑。

来看两个真实案例。

我曾经带过一个员工，他谨慎而勤奋，因为表格做得很溜，所以主要负责数据统计。某天我问："你对未来有没有其他规划？"他说没有。大概意思是，做好目前本职工作就已足够。我跟他讲："你得规划，得学会分析，不能仅仅只是会做表格，因为数据统计会越来越普遍，有朝一日你的工作很有可能会被智能取代。"他听从我的意见，开始钻研数据分析，后来在新一轮的部门裁员名单中，他免于被淘汰，而那些只会做表格的同事被裁员了。

为什么在其他统计员被辞退的时候他能继续留在公司？这是因为随着数据统计越来越普遍以及人工智能的发展，制作表格这种技术单一的工作很容易被替代，但无法复制的是你分析数据的逻辑。

所以光学会做表格不行，你得会分析。

有个朋友早些年从事视频剪辑的相关工作，因为与自己所学专业对口，加之勤奋务实，所以这份工作他做得轻松愉快，当然收入也非常可观。一些对视频剪辑有需要或者有兴趣的朋友也常付费找他帮忙。但是近几年随着各类视频剪辑 App 的出现，他的生意呈直线下滑趋势，而且交出去的片子遭到了甲方的各种诟病，理由是千篇一律的处理手法与视频剪辑 App 的模板无异，无美感、无新意，最后该友迫于生存压力只得转行。

为什么努力不减当年，现在却总遭人诟病？因为随着大众的审美不断提高，机械的剪辑效果显然无法满足个体的需求，而随着 App 的广泛应用，那些简单的剪辑效果免费就能完成，就这样他被轻而易举地取代了。假如他能早一点认清形势，多从审美上提升和突破，那么一定不会那么快被 App 所取代，因为技术可以复制，但审美很难超越。所以光会剪辑不行，你得臻于更高的审美。

我想用以上两个真实案例向年轻人传达两个观点：

（1）为什么你一直努力，结果却差强人意？因为你只是四肢勤奋却没有多动脑子。

（2）如何为自己保值？努力让自己变得无可替代吧。

多思考，即使在同一家公司、同一个岗位，思考的维度不一样，执行的效果就会不一样。谁的职场道路会越来越顺？一定是那些善于思考而不可轻易被替代的人。这就是工作的底层逻辑。

7.2.3　以复盘思路写计划与总结

在日常管理工作中，我发现很多员工的总结和计划简直是在记流水账。

为什么说是流水账？比方说明天的计划，只是寥寥数语，如"拜访某客户"，对于为什么这样计划以及准备怎么去做，一字不提。总结也仅仅是简单写下完成了什么，类似"与××签单顺利""今天跟进失败"等一笔带过的内容，对自己成交或跟进失败的原因也没有记录。面对这些总结与计划，你根本看不出这些员工哪里有问题，他们各自的优势又在哪里。

那么好的总结与计划应该怎么写？在此，我想分享给大家一个秘诀：试着对工作进行复盘，在复盘的基础上再写总结与计划。

什么是复盘？复盘原是围棋术语，也称复局，指对局完毕后，复演该盘棋的记录，以检查对局中招法的优劣与得失关键。一般用以自学，或请高手给予指导分析。《荀子·劝学》中也讲："君子博学而日参省乎己，则知明而行无过矣。"说的就是要学会复盘。

如果以上释义仍使你一头雾水，我再打个简单的比方。

比如你现在写的总结是这样的：

"今天完成两名意向客户开发。一个客户提前签约，还有一个指标没完成。"

而用复盘的思维写出来是这样的：

（1）今天完成两名意向客户开发，分别是 × 司的 × 总与 × 店的 × 总。因为准备比较充足，价值传递很到位，价格也刚好符合客户预算标准，所以这次谈单相对顺利。

（2）× 总跟进顺利。因为及时补充了售后内容，让 × 总打消了顾虑，进而提前签订了合同。

（3）指标 ×× 未完成，主要是因为精力分布不均导致疏忽了 × 总的异议，使得客户可能选择了竞争对手，但最好还是单独找个时间向 × 总解释清楚，并且下次要及时记录客户的各项异议，以免遗漏。

用复盘思维写总结，一定不只是单纯记录事件完成的好坏结果，而是细致阐述分析完成以及未完成事项的原因、改进方案。这样的总结既有事实陈述，也有亮点与反思。

说了总结，再来谈谈计划。比如你现在写的计划是这样的：

"会销邀约。客户二次约见。与领导确认合同。"

用复盘思维写出来则是这样的：

（1）明天要跟进 × 总，离会议开始时间还有两周，距离上次联系已经过了一周。在邀约时，一方面要提醒 × 总注意提前安排行程，另一方面要让 × 总感受到我的关心。

（2）下午三点带上合同与 × 司负责人二次见面，× 司决策人A 总也会到场，上次与负责人谈单非常顺利，这次尽量当场成交。

（3）明天需要找领导确认 B 总关于合同的异议，即使领导拍板，也不能轻易给出低价。备注：上次 B 总出去接了个电话回来就犹豫了，估计经济大权不在他手上。

用复盘思维写计划，一定不只是写下明天做什么，而是要弄清楚如何去做以及这样做的意义是什么。这样的计划既有明确目标，也有目标制定的出发点和意义。

这就是复盘思维的简单应用，在运用复盘思维时，我们通常会将事件从头到尾捋一遍，找出问题、原因，在反思中总结经验教训，最终明确未来改进的方向。复盘思维会使你进入一个科学的思维模式，并获得实质性进步。

简而言之，记住一句话：总结多写"为什么"，计划写清"完成什么"，既要回顾目标与事实，也要总结最佳方法与方案。

无论做人做事，都要善于总结与计划，只有懂得在夜阑人静中审视不足，才能在晨光熹微时重整旗鼓。认真去写总结与计划，让每一次经验与行动，都为成功之路埋下伏笔。